MARIAN SOMMER NICHOLAS NIKOL

# DAS EINMALEINS DER BÖRSE

impian

Umschlaggestaltung: Nele Schütz Design
unter Verwendung von einer Bildes von Adobe Stock/STBSTD
Lektorat: Marion Riecke, München
Satz: Röser MEDIA GmbH & Co. KG, Karlsruhe
Druck und Bindung: CPI books GmbH, Leck
Printed in Germany

ISBN 978-3-96269-198-1

www.impian.de

# Inhalt

Die in dem Buch erwähnten Indizes sind eingetragene Marken von Deutscher Börse AG, STOXX Ltd, Nasdaq, MSCI, FTSE oder S&P Dow Jones Indices.

Eine Auflistung ist auf folgenden Seiten zu finden:
https://www.boerse-frankfurt.de/markenrechte
https://indexes.nasdaqomx.com
https://www.spglobal.com
https://www.msci.com/
https://www.lseg.com/en

Für den Inhalt externer Links übernehmen die Autoren keine Haftung.

# *Besser als jeder Börsenprofi*

Wollen Sie an der Börse Geld verdienen? Möchten Sie unabhängig von Finanzberatern sein und Ihr Erspartes selbstständig anlegen? Ist der Aufbau von Vermögen Ihr Ziel?

Egal ob Sie sich gegen die Inflation schützen, sich für das Alter absichern oder Börsenmillionär werden wollen – Sie müssen die Grundlagen, also das „Einmaleins der Börse", beherrschen.

War Ihnen das Thema bisher zu kompliziert, zu gefährlich oder haben Sie gedacht, nur Profis können an der Börse Geld verdienen?

Dieses Buch vermittelt Ihnen grundsätzlich alles, was Sie für den erfolgreichen Start an der Börse benötigen. Es sind keine Vorkenntnisse erforderlich. Kein Mensch kann gesichert Kurse an der Börse voraussagen. Egal wie viel Technik er zur Verfügung hat oder welche Ausbildung er absolviert hat – eine Glaskugel hat niemand. Deshalb können Sie auch mit Grundwissen besser als ein Profi sein.

Solange die Weltwirtschaft langfristig wächst, steigen langfristig auch die dazugehörigen Aktienmärkte. Leider gehört es aber dazu, dass es zwischenzeitlich zu übertriebenen Kurssteigerungen und zu heftigen Kursrücksetzern kommen kann.

So leidvoll Börsencrashs sein mögen, sie haben ihre Berechtigung und Notwendigkeit. Wenn etwas stetig nach oben geht, werden Investoren mit maximalem Einsatz und so schnell wie möglich versuchen, davon zu profitieren. Das führt zu einer automatischen Preissteigerung. Der Grund: Es kann an der Börse nur etwas gekauft werden, was ein anderer verkaufen will. Niemand wird etwas zu billig verkaufen wollen, und jeder wird einen immer höheren Preis aufrufen, wenn alle kaufen wollen. So entstehen Blasen. Doch irgendwann kommt der Moment, an dem keiner mehr kaufen möchte. Die Verkäufer gewinnen Überhand und die Kurse fallen in sich zusammen. Ein Crash korrigiert meistens eine vorher stattgefundene Übertreibung. Angst beziehungsweise Unsicherheit kann aber auch eine Ursache für schnell sinkende Kurse sein. Verschwindet die Angst oder ist eine Übertreibung korrigiert, steigen die Kurse in der Regel wieder.

Ich zeige Ihnen in diesem Buch alles Wichtige, in das Sie als Privatanleger am Finanzmarkt investieren können. Es wird im Praxisteil dafür eine genaue Anleitung geben. Sie werden erfahren, wie Preise von Wertpapieren entstehen und was nach dem Kauf passieren kann. Ganz konkret gebe ich Ihnen einen exemplarischen Fahrplan für den Vermögensaufbau. Wenn es um die Nebendisziplinen, wie die Beurteilung von einzelnen Aktien und Kryptowährungen geht, wird mein Co-Autor mich unterstützen.

In dem Buch wird es einen Fahrplan für den Vermögensaufbau geben, mit dem Sie jeden Fondsmanager schlagen können. Sie müssen keine Börsennachrichten studieren, keine besondere Technik haben und nicht viel Zeit investieren. Das „Einmaleins der Börse" reicht als Wissen aus, solange Sie später nicht die Liebe zu einzelnen Finanzprodukten wie Anleihen, Rohstoffen, Zertifikaten oder beispielsweise Hebelprodukten für sich entdecken. Was es grundsätzlich mit diesen speziellen Produkten auf sich hat, werden Sie in diesem Buch erfahren.

Sie müssen nicht zwingend jedes Kapitel lesen, doch ich empfehle es Ihnen, selbst wenn Sie nie geplant haben, in Anleihen oder Rohstoffe zu investieren, und einfach nur ein paar Fonds kaufen möchten. Aus meiner Erfahrung heraus kann ich sagen: Alles an den Finanzmärkten hängt miteinander zusammen. Daher ist das „Einmaleins der Börse" für einen erfolgreichen Vermögensaufbau zwingend notwendig. Mein Co-Autor und ich werden es Ihnen nahebringen und Sie damit perfekt für den Einstieg an der Börse vorbereiten.

# *Basiswissen Wertpapierdepot*

Bevor Sie in die Welt der Investitionen einsteigen, benötigen Sie ein Wertpapierdepot. Das ist eine Art Konto, auf dem sich digital Wertpapiere befinden können. Geht es auch ohne? Wenn Sie sich dafür entscheiden, nur in Goldbarren zu investieren, brauchen Sie lediglich einen Tresor. Wenn Sie Ihr Geld auf ein Sparbuch oder Tagesgeldkonto legen, also in Geld investieren, brauchen Sie auch kein Depot. Wenn Sie eine Renten- oder Kapitallebensversicherung abgeschlossen haben, die letztendlich auch nur an den Finanzmärkten ihre zukünftige Auszahlung erwirtschaftet, investieren und spekulieren Sie an den Börsen, ohne ein Depot zu haben. Wenn Sie jedoch aktiv Ihr Geld investieren möchten, ist die Basis ein Wertpapierdepot.

Sie haben nicht gewusst, dass Sie bereits am Börsengeschehen teilnehmen? Oder verrückter, dass Sie spekulieren? Oder noch furchtbarer, dass Sie in Nahrungsmittel investieren und deren Preise damit in die Höhe treiben, was Menschen in anderen Teilen der Welt hungern lässt? Hier erhalten Sie die notwendigen Kenntnisse, um es in Zukunft besser zu wissen und es künftig auch besser zu machen.

Mir sagte mal ein 80-Jähriger, dass er meinen Beruf nicht mal ansatzweise verstehe, von Börse keine Ahnung habe und niemals spekulieren würde. Ich musste ihn leider aufklären, dass er bereits viel intensiver spekulierte als ich.

1. Jeden Tag, wenn er mit seinem Auto an der kleinen Tankstelle im Ort vorbeifuhr, schaute er auf die Spritpreise. Er beobachtete, zu welcher Zeit die Preise fielen und wann sie am teuersten waren. Wenn er das Gefühl hatte, dass die Preise ihren Tiefpunkt erreichten, tankte er, obwohl der Tank noch halb voll war. Am nächsten Tag musste er häufig feststellen, dass der Sprit noch günstiger geworden war. Er spekulierte mit Öl, einem Rohstoff, dessen Preis an der Börse bestimmt wird.

2. Er spielte jede Woche Lotto und das vermutlich schon 50 Jahre lang. Bei angenommenen 10 EUR Einsatz pro Woche waren das auf diese lange Zeit 26.000 EUR Einsatz. Hätte er mit 30 Jahren 20.000 EUR konservativ in Aktien gesteckt, hätte er sie zu seinem 80. Geburtstag für 1.000.000 EUR (!) verkaufen können. Wohlgemerkt konservativ – keine Zockeraktien. In Zockeraktien hätte er nur 2.000 EUR stecken müssen, und die Chance wäre vielleicht 1 : 10 gewesen, dass daraus auch 1 Mio. EUR würden. Ob 1 : 10 stimmt oder vielleicht 1 : 5 oder 1 : 30 hier wissenschaftlich korrekter wären, weiß ich nicht. Aber Lotto mit der Chance von 1 : 140 Mio. wird es ganz sicher in den Schatten stellen, und das wollte ich damit ausdrücken.

3. Ich musste feststellen, dass er Investmentfonds hatte, die seine Bankberater ihm aufgeschwatzt hatten. Erfahren habe ich nur davon, weil er seine Depotauszüge nicht verstand und ich ihm sagen sollte, wie viel Geld dort investiert war. Es war ein reiner Aktienfonds. Die Bank hatte ihm den eingerichtet, als er schon in Rente war. Zur damaligen Zeit gab es übrigens 4 % Zinsen auf das Tagesgeld. Ich werde das an dieser Stelle nicht weiter kommentieren. Ich überlasse es Ihnen, darüber noch einmal nachzudenken, wenn Sie mein Buch bis zum Ende gelesen haben.

Ich habe über die Zeit viele Personen kennengelernt, denen nicht bewusst war, dass sie ein Depot oder Fonds besaßen. Sie waren zwischen 20 und 80 Jahre alt. Eine Renten- oder Lebensversicherung oder ein Riestervertrag sind auch ein Investment an der Börse. Die Höhe der späteren Auszahlung hängt von der Entwicklung der Kapitalmärkte ab. Selbst Ihre Haftpflicht- oder Autoversicherung ist ein Engagement am Finanzmarkt. Die Versicherungen legen Ihre Beiträge an der Börse an und wenn die Märkte gut laufen, kann das zu Beitragssenkungen führen.

Wenn Sie bewusst ein Wertpapierdepot anlegen wollen, wird Ihnen jede Bank sehr schnell weiterhelfen. Das kann eine Filialbank sein, deren Onlineplattform oder eine Direktbank. Sie werden am Anfang einige Formulare ausfüllen müssen, in denen Ihre Kenntnisse über die Finanzmärkte und Ihre ungefähren finanziellen Verhältnisse abgefragt werden. Die Banken machen das nicht aus Neugier, sondern weil sie dazu verpflichtet sind. Sie dürfen Ihnen offensichtlich hochriskante Anlagen nicht ermöglichen, wenn Sie Anfänger sind und die Investitionen Ihre finanziellen Verhältnisse übersteigen. Macht die Bank das nicht, wird sie unter Umständen schadensersatzpflichtig.

In den Formularen werden Sie auch ein Verrechnungskonto angeben müssen.

## Das Verrechnungskonto

Zu jedem Depot wird ein Bankkonto, das sogenannte Verrechnungskonto, benötigt. Das kann ein separat für die Wertpapiergeschäfte eingerichtetes Konto sein oder ein Unterkonto zu Ihrem herkömmlichen Girokonto.

Es wird benötigt, um Geld für den Wertpapierkauf oder für Gebühren abzuziehen. Wenn Ihre Wertpapiere Geld ausschütten oder Sie sie verkaufen, fließen die Beträge auf dieses Verrechnungskonto. Solange es keine zusätzlichen Kosten verursacht, empfehle ich Ihnen, das Verrechnungskonto nicht mit Ihrem normalen Girokonto zu verknüpfen. Zum einen kann es sehr unübersichtlich werden, wenn permanent Kontobewegungen auf Ihrem Girokonto durch das Depot ausgelöst werden, und zum anderen können Sie mit Einzahlungen auf das Verrechnungskonto genau steuern, was Sie investieren wollen und was nicht.

Beispiel: Sie wollen Wertpapier XY für 2.000 EUR kaufen. Leider haben Sie sich vertippt, auf Stückzahl oder Preis nicht aufgepasst und aus Versehen einen Kaufauftrag für 20.000 EUR gegeben. Glauben Sie mir, das passiert häufig auch Profis (geben Sie mal in die Suchmaschine „fat finger" ein).

Der Kauf wird zu 20.000 EUR durchgeführt, wenn Käufe direkt vom Girokonto abgebucht werden können. Ob das wirklich so passieren kann, hängt stark von Ihrem Depotanbieter ab. Bei meinem Anbieter werden beispielsweise lediglich regelmäßige Sparraten vom Girokonto entnommen. Das ist ein einmal konzentriert eingerichteter Plan, der nicht ständig geändert werden muss. Alternativ müsste ich per Dauerauftrag regelmäßig Geld zum Verrechnungskonto überweisen, wenn von dort die Sparraten abgezogen werden sollen.

## Gebühren für den Wertpapierhandel

Bei den Gebühren gibt es wertpapierunabhängige Gebühren und Entgelte, die bei Kauf oder Verkauf anfallen können.

Wenn Sie in einem Depot einen Wertpapierkauf- oder -verkaufsauftrag erteilen – das nennt man Order –, wird dieser in den meisten Fällen eine Gebühr, die Ordergebühr, mit sich ziehen. Kostet ein bestimmtes Wertpapier nichts (das kann bei manchen Investmentfonds der Fall sein), liegt das daran, dass das Wertpapier selbst jährliche Gebühren beinhaltet, die auf den Kurs drücken und der Bank zugutekommen. Oder es gibt eine Differenz zwischen An- und Verkaufspreis. Zu verschenken hat niemand etwas.

Ist das Depot dann mit mindestens einem Wertpapier bestückt, wird es in den meisten Fällen eine jährliche Depotgebühr geben. Sie ist mit einer Kontoführungsgebühr für das Girokonto zu vergleichen. Und wie auch bei der Kontoführungsgebühr für das Girokonto gibt es Anbieter, die gar keine Gebühren nehmen, und welche, die richtig zulangen. Ich werde das Thema Auswahl des Depotanbieters zum Ende des Buches noch einmal aufgreifen. Erst wenn Sie selbst wissen, in was Sie investieren möchten, kann ich Ihnen Ratschläge dazu geben.

## Die Wertpapierkennnummer

Wann immer Sie etwas besitzen, das eine Wertpapierkennnummer (kurz WKN) hat, benötigen Sie ein Depot. Die deutsche Wertpapierkennnummer hat sechs Stellen und kann Zahlen oder Buchstaben enthalten. Zu jeder WKN gibt es auch eine internationale Kennnummer, die ISIN. Die ISIN hat zwölf Stellen und beginnt häufig mit einem Ländercode (z. B. DE, FR, LU), manchmal aber auch mit einem Code, der auf die technische Abwicklung hinweist (z. B. XS).

Die Kennnummern gibt es für alles, was Sie nicht direkt in den Händen halten, aber trotzdem besitzen können, selbst wenn es lediglich irgendwo als Papier existiert. Der Nachweis, dass Ihnen das Papier gehört, ist Ihr Wertpapierdepot. Dort ist aufgeführt, welche Kennnummern Sie haben, wie viele Sie davon besitzen und wo diese gerade preislich stehen. Übrigens können Sie die Kennnummern in eine Internetsuchmaschine eingeben, und sie wird Sie zu den Finanzinformationsseiten führen, bei denen Sie den aktuellen Preis ablesen können.

## Unterschied Filialbank und Direktbank

Wann waren Sie das letzte Mal in einer Bankfiliale und haben dort mit einem Bankberater gesprochen?

Ich war vor ungefähr zwölf Jahren das letzte Mal da, weil ich ein seit 25 Jahren dort bestehendes Konto hatte und die Kontoart wechseln musste. Mittlerweile haben sich das Internet und das Handy so stark in der Bevölkerung durchgesetzt, dass selbst 70-Jährige ihre Bankgeschäfte online machen.

Wenn es um Börsengeschäfte geht, wird Ihnen jede Filialbank gerne die Türen öffnen und Beratung anbieten. Mit Krediten lässt sich in Zeiten von Niedrigzinsen wenig Geld verdienen. Als das Sparbuch noch mit 3 % verzinst wurde, haben Banken das Sparbuchgeld genommen und für 6 oder 8 % Kredite vergeben. Vor nicht allzu langer Zeit gab es Kredite für 2 %, weil Banken für Einlagen (Giroguthaben ihrer Kunden, Tagesgelder) bei der Zentralbank Negativzinsen bezahlen mussten. Die Banken hatten kein Interesse, Geld als Einlage anzunehmen, und vergaben Kredite zu günstigen, aber wenig lukrativen Konditionen an ihre Kunden.

Wenn jemand aber seinen Dispositionskredit überzieht, Versicherungen abschließt oder Wertpapiere kauft (sogenanntes Kommissionsgeschäft), die vielleicht noch von der Bank selbst stammen, dann sprudeln die Einnahmen. Das gilt für Filial- und Direktbanken.

Die Filialbank wird jedoch noch beim Wertpapierkauf die Beratung mit einpreisen. Ganz gleich, ob Sie den Berater um eine Meinung gefragt haben und ob diese Beratung gut oder schlecht war. Zur Beratung gehört auch, dass Sie Empfehlungen oder Analysen zu Einzelaktien bekommen. Die werden den Beratern zugespielt, damit sie Kundenfragen wie „Was halten Sie von Aktie XY?“ beantworten können. Das ist in der Regel eine Hausmeinung, nicht die Analyse des Beraters. Jeder andere Kunde der Bank erhält auf Anfrage dieselbe Information.

Bei der Direktbank gibt es keine Beratung. Das macht die Leistung deutlich günstiger. Das hält die Direktbanken aber nicht davon ab, Werbung für Finanzprodukte zu verschicken. Ausführliche Analysen zu Einzelaktien sind hier seltener. Marktberichte oder Risikoanalysen zum Depot gibt es aber schon, je nach Anbieter.

# *Investmentfonds – wenn andere die Arbeit für Sie machen*

Warum soll man sich die ganze Arbeit machen und sich mit Aktien, Anleihen und Co. beschäftigen, wenn es doch Investmentfonds gibt, die ein Profi managt?

Ob der Profi, also der Fondsmanager, wirklich gut ist, kann ein Privatanleger kaum beurteilen. Der Privatanleger sieht das Ergebnis, und das ist, zugegeben, das Wichtigste. Darüber hinaus hat er vielleicht noch die eine oder andere Fondskennziffer zur Verfügung, die ihm Auskunft über Betriebskosten oder Risiken gibt. Unabhängig davon, ob der Manager gut ist oder nicht, wird der Fonds Kosten verursachen. Meistens schon beim Erwerb, garantiert während der Haltedauer und häufig auch bei der Veräußerung. Es gibt Fonds, bei denen der Manager aktiv entscheidet, was gekauft wird (die sogenannten Zielfonds), und Fonds, bei denen ein Computer versucht, einen Index abzubilden (die ETFs). In beiden Fällen ist der Fonds ein Sondervermögen, und Indizes spielen bei beiden Varianten eine Rolle, deshalb gehe ich separat auf sie ein.

## Das Sondervermögen

Fonds werden in Deutschland von Kapitalverwaltungs-gesellschaften aufgelegt, diese administrieren das Vermögen. Zur Administration gehören unter anderem die Buchhaltung, die Fondspreisberechnung, das Risikomanagement, die Erstellung aller rechtlichen Dokumente, das gesetzliche Reporting und die Überwachung der Anlagegrenzen. Der Fondsmanager muss nicht zwingend Teil der Kapitalverwaltungsgesellschaft sein. Es gibt durchaus Zweipersonenunternehmen, die Fondsmanager sind und Investmententscheidungen treffen. Sie teilen ihre Anlageideen der zuständigen Kapitalverwaltungsgesellschaft mit, diese prüft die Zulässigkeit und beauftragt schließlich den Handel mit der Durchführung. Sowohl Handel als auch Vertrieb können außerhalb der Kapitalverwaltungsgesellschaft stattfinden. Verwahrt werden die Vermögensgegenstände bei der Verwahrstelle, diese kann ein wenig mit dem Wertpapierdepot verglichen werden. Die Verwahrstelle ist immer ein Kreditinstitut. Wenn Sie einen Fonds kaufen, gibt die Verwahrstelle Anteile an Sie aus, indem sie diese in Ihr privates Depot überträgt.

Investmentfonds werden in der EU reguliert und heißen OGAW (Organismus für gemeinsame Anlagen in Wertpapieren), im Englischen heißen sie UCITS. Einfach ausgedrückt, sind es Fonds, bei denen der Gesetzgeber die Privatanleger schützt, indem er wichtige Regeln wie Risikostreuung, Verbot von hochspekulativen Geschäften oder auch Veröffentlichungspflichten (Prospekt, Berichte) vorschreibt.

Der Investmentfonds wird vom Kapitalverwaltungs-gesellschaftsvermögen sowie der Verwahrstelle gesondert betrachtet, also nicht mit dem Gesellschaftsvermögen oder gar anderen Fonds vermischt. Deshalb nennt man den Fonds Sondervermögen. Seine wichtigste Eigenschaft ist, dass er vor der Insolvenz der Gesellschaft oder Verwahrstelle geschützt ist.

## Ausschüttend oder thesaurierend

Fonds, sowohl Zielfonds als auch ETFs, können ausschüttend oder thesaurierend sein.

Ein Fonds, der ausschüttet, zahlt Erträge auf Ihr Verrechnungskonto. Das hat den Charme, dass es Ihnen niemand mehr wegnehmen kann. Doch das ausgeschüttete Geld verdient kein Geld mehr, bis Sie es wieder irgendwo anlegen.

Der thesaurierende Fonds legt alle Erträge automatisch wieder an, was zu einem Zinseszinseffekt führt und langfristig eine bessere Rendite verspricht.

Ich erspare Ihnen Ausführungen über die genauen steuerlichen Auswirkungen und Techniken. Steuern werden Sie bei beiden Varianten zahlen.

Beim ausschüttenden Fonds mehr während der Haltedauer, beim thesaurierenden mehr beim Verkauf. In Summe ist die steuerliche Belastung analog zum Ertrag häufig gleich hoch. Wichtig ist, dass Sie einen Freistellungsauftrag bei Ihrer Bank einrichten, da die Steuer erst fällig wird, wenn der Freibetrag überschritten ist. Richten Sie keinen Freistellungsauftrag ein, werden der erste Euro Gewinn oder die Ausschüttungen versteuert. Die Steuern werden üblicherweise direkt von Ihrer Bank an das Finanzamt abgeführt.

## Indizes

Wer sich mit dem Gedanken trägt, in Fonds zu investieren, sollte sich mit Indizes beschäftigen. Ein Index ist eine Zusammenstellung von Investitionen (Indexmitgliedern) nach festgelegten Regeln und mit einem bestimmten Thema. Zum Zeitpunkt seiner Auflegung startet der Index auf einem bestimmten Level, zum Beispiel bei 100 oder 1.000 Punkten, und in der Folge ändern sich die Punkte nach oben oder unten, je nachdem, wie die Indexmitglieder sich entwickeln und was das Regelwerk besagt.

Das klingt stark nach einem Fonds. In der Tat gibt es viele Gemeinsamkeiten, jedoch bestimmen die Kursbewegung der Indexmitglieder und das Regelwerk allein die Gewichtung, es greift kein Mensch ein und kauft oder verkauft einen Titel.

Indizes gibt es mittlerweile auf fast alles, was sich monetär sicher beziffern lässt. Sicher beziffern heißt, dass es eine neutrale Preisfeststellung gibt. Das ist bei börsengehandelten Produkten der Fall.

Aus deutscher Sicht sind der DAX und der Dow Jones sicherlich am bekanntesten, da sie regelmäßig in den deutschen Nachrichten erscheinen, insbesondere wenn ihre Kurse stark fallen.

Da Indizes im Fall von Aktien einen guten Überblick darüber geben, welche Länder oder welche Branchen gerade steigen oder fallen, bezeichnet man sie oft auch einfach als „Markt". Der Markt steigt oder ist stark, der Markt fällt oder ist schwach, der Markt spielt verrückt oder schwankt – in der Regel ist damit immer die Entwicklung der wichtigsten Indizes gemeint.

Was hat das mit Investmentfonds zu tun? Ein Fondsmanager ist dann ein erfolgreicher Manager, wenn er es schafft, den Markt zu schlagen, also besser als ein Index zu sein, der ungefähr das gleiche Thema abbildet wie sein Fonds. Indizes sind hier also ein Vergleichslevel, auch Benchmark genannt.

Wollen Sie direkt einen Index kaufen, können Sie das mit ETFs tun. Ich stelle jetzt Zielfonds und ETFs genauer vor.

## Der Zielfonds

**Die Auflage**

Der Zielfonds ist der Klassiker unter den Investmentfonds. Ein Fondsmanager hat eine Idee, mit der er strategisch das Geld anderer Leute vermehren oder vor Verlust schützen kann, und möchte dafür mit einer Managementgebühr entlohnt werden. Er gründet einen Fonds, dieser wird mit einer Wertpapierkennnummer versehen, und jeder, der ein Wertpapierdepot hat, kann diesen Fonds kaufen. Da ein Fonds schon vom ersten Tag seines Bestehens Fixkosten (zum Beispiel für Wirtschaftsprüfer oder Veröffentlichungskosten) hat, kann er nur starten, wenn er eine Mindestgröße von 5 Mio. EUR hat. Sonst beeinflussen die Fixkosten das Fondsergebnis negativ, was die Anleger indirekt bezahlen.

Um sicherzugehen, dass ein Zielfonds zum Start eine entsprechende Größe hat, wird sich ein Fondsmanager, bevor er startet, einen institutionellen Investor suchen. Der wird dem Fonds zu Beginn ein Startkapital, das Seed Money, zukommen lassen. Dieses wird zwischen 10 und 50 Mio. EUR betragen. Der Institutionelle wird jedoch nicht die übliche Verwaltungsgebühr von vielleicht 1 % pro Jahr zahlen, sondern einen Bruchteil davon, unter Umständen auch gar nichts. Damit sich diese Gebührenungleichheit berechnen lässt, wird ein Zielfonds mit mindestens zwei Tranchen (und damit zwei Wertpapierkennnummern) aufgelegt: die teure für die Privatanleger und die günstige für die Institutionellen.

Das klingt unfair? Das ist es gar nicht. Der Institutionelle hat sein Geld auch nicht im Lotto gewonnen, sondern verwaltet Geld von Privatleuten, die ihm und damit dem investierten Geld bereits eine Gebühr bezahlen. Geldgeber können zum Beispiel Pensionskassen oder Versicherungen sein, die über Teile der Beiträge ihrer Mitglieder vergütet werden.

Vielleicht noch etwas zum Fondsnamen: Wenn Sie im späteren Kapitel die Begriffe aus der Fondswelt gelesen haben, werden Sie mit Namen wie „Absolute Premium Return“ etwas anfangen können, vorher vermutlich nicht. Okay, es ist ein englischer Name, doch ich kann es Ihnen sinngemäß übersetzen, dann wird es auch nicht besser: „Nur Gewinn durch Prämien“. Was mit Prämien gemeint ist, erläutere ich später. Die Bundesanstalt für Finanzaufsicht (BaFin), die jeden Fonds in Deutschland genehmigen muss, würde einen Namen wie „ImmerGewinner“ nicht zulassen, einen englischen Begriff wie „OnlyWin“ sicher auch nicht, da er falsche Erwartungen weckt. Bei Begriffen, die sich in der Finanzwelt durchgesetzt haben, wie „Absolute Return“ oder „Market Neutral“, ist sie machtlos.

**Der Ausgabeaufschlag**

Kaufen Sie einen Zielfonds, werden Sie höchstwahrscheinlich einen Ausgabeaufschlag zahlen, der durchaus 5 % vom Kurswert ausmachen kann. Sie zahlen also 5 % Aufschlag und sind mit Ihrer Investition sofort im Minus. Dann müssen Sie hoffen, dass der Fonds bald ein besonders gutes Ergebnis erzielt, um die 5 % wieder herauszuholen.

Der Ausgabeaufschlag fließt als Provision in den Vertrieb, auch wenn Sie sich den Fonds selbst ausgesucht haben und niemand eine Beratungsleistung vollbracht hat. Manchmal gibt es Aktionen Ihrer Bank, in der sie Fonds für einen kurzen Zeitraum ohne oder nur mit dem halben Aufschlag anbietet. Das kann vor allem dann vorkommen, wenn Vertrieb und Management im selben Haus sind. Wenn der Fonds mit Geldabflüssen (viele Anleger verkaufen) kämpft, ist es durchaus denkbar, dass der Vertrieb einen Kaufanreiz setzt, damit die Abflüsse gedämpft werden.

Tipp: Haben Sie sich einen Fonds ausgesucht und ist dessen Fondsvolumen groß (über 100 Mio. EUR), dann können Sie Anteile auch über eine Fondsbörse kaufen. Statt 5 % zahlen Sie dort inklusive Ordergebühren nur 1 bis 2 %. Wenn Sie ein Onlinedepot haben und dort die Order eingeben, wählen Sie als Börsenplatz nicht die KVG (also die Kapitalverwaltungsgesellschaft, sprich die Fondsgesellschaft) aus, sondern eine Börse (falls vorhanden). Wenn Sie Ihr Depot über eine Filialbank mit Berater führen, wird der Berater alles dafür tun, Sie vom Handel über die KVG zu überzeugen, denn sonst verdient er so gut wie nichts. Geben Sie am besten auf den diversen Finanzseiten im Netz die Wertpapierkennnummer (z. B. onvista.de, finanzen.net, boerse.de) ein und klicken Sie auf Handelsplätze. Dort sehen

Sie, ob es neben der KVG noch Börsen gibt, die den Fonds handeln. Dann sind Sie gegenüber Ihrem Bankberater argumentativ gut vorbereitet.

**Das schwere Leben des Fondsmanagers – die Jagd nach dem Alpha**

Was macht eigentlich ein Fondsmanager den ganzen Tag?

Als ich noch Student war und mit dem Börsenverein einen Rentenfondsmanager besuchte, sagte er mir: „Am Markt bekommt man zurzeit risikolos 3 % Zinsen, ich suche den ganzen Tag Möglichkeiten, 3,5 % ohne Risiko zu bekommen." Er versucht, seinen Markt zu schlagen, in dem Fall den Zinsmarkt.

Zwei Jahre später gab es seinen Arbeitgeber nicht mehr, denn dieser hatte die bösen Hypothekendarlehen (so genannte ABS/MBS) aus den USA gekauft. Die hatten 4 % ohne Risiko versprochen, waren aber doch risikobehaftet (sogenannte Subprimeanleihen) und gingen 2007 den Bach runter.

Auch der Aktienfondsmanager versucht, den Markt zu schlagen. Der Markt ist meistens ein Index, der mit seinem Fondsprofil vergleichbar ist. Ein „Aktien Global"-Manager wird nicht den DAX als Benchmark haben, sondern eher den MSCI World, der die größten Firmen der Welt abbildet. Steigen die Aktien der Benchmark, wird auch der Fonds steigen, schließlich hat er ähnliche Aktien im Besitz wie der Index. Das ist keine Kunst.

Die Kunst ist es, besser als der Markt zu sein. Sei es, dass der Fonds in guten Marktphasen stärker steigt oder nicht so stark fällt, wenn der Markt rückläufig ist. Diese positive Differenz zum Markt nennt man Alpha oder auch Outperformance. Fondsmanager suchen ständig nach Strategien, um Alpha zu generieren. Wenn sie es nicht schaffen, werden die Anleger sich fragen, warum sie eine Managementgebühr zahlen. Bei einer Investition direkt in den Markt, siehe ETF, hätten sie sich die Gebühr gespart und die Wertentwicklung (Performance) wäre besser gewesen.

Fondsmanager ist kein leichter Beruf. Wenn sie nicht gerade nach Alpha suchen, müssen sie sich für ihre Performance rechtfertigen (vor allem gegenüber institutionellen Anlegern) oder neue Gelder einwerben.

**Die Fondspreisberechnung**

Der Preis eines Fonds wird von der Kapitalverwaltungs-gesellschaft und der Verwahrstelle unabhängig voneinander berechnet. Beide Berechnungen sollten auf das gleiche Ergebnis kommen. Falls das nicht der Fall ist, muss eine Abstimmung zwischen den beiden Häusern stattfinden. Sind sich beide Häuser einig, wird der Fondspreis veröffentlicht.

Die Berechnung erfolgt, grob gesagt, so: der Wert aller Vermögensgegenstände + schwebende Gewinne und Verluste + Forderungen und Verbindlichkeiten = Fondsvermögen (Fachsprache: NAV – Net Asset Value). Das Fondsvermögen geteilt durch die umlaufenden Fondsanteile ergibt den Fondspreis.

Ein Fondspreis hat einen Schlusstag und eine Valuta. Der Schlusstag ist der Bewertungstag, und für diesen werden die Kurse (Mittags- oder Schlusskurse) des jeweiligen Tages zur Bewertung genutzt. Da der Marktschluss abgewartet werden muss, können Kapitalverwaltungsgesellschaft und Verwahrstelle den Kurs des Fonds rückwirkend erst am Folgetag berechnen. Einen Tag später erfolgt die Valuta. An diesem Tag werden Käufe und Verkäufe von Fondsanteilen durch die Anleger abgerechnet.

Beispiel: Heute ist fiktiv der 1. Februar. Bis zu einer bestimmten Uhrzeit (meist nachmittags) dürfen Investoren Kauf- oder Verkaufsaufträge für Fondsanteile geben. Am 2. Februar werden Kapitalverwaltungsgesellschaft und Verwahrstellen den Fondspreis für den 1. Februar (den Schlusstag) berechnen und veröffentlichen. Am 3. Februar werden die Kauf- oder Verkaufsaufträge vom 1. Februar kontowirksam abgerechnet, und zwar zum Preis vom 1. Februar.

Das Beispiel ist der Standard, es gibt jedoch Fonds, die davon abweichen. Es wird aber nie möglich sein, an einem schlechten Markttag (der einen fallenden Fondspreis verursachen wird) die Anteile schnell noch zum guten Vortagesfondspreis zu verkaufen.

## Risiken

### Performance

Kann ein Investmentfonds einen Totalverlust erleiden? In der Theorie schon, doch das wird in der Praxis allein deshalb schwer umzusetzen sein, da Fonds gesetzlich ihr Risiko streuen und auch gewisse Risikoparameter einhalten müssen. Dass ein Fonds aber 70 % seines Anteilswerts verliert, hat es schon gegeben. Wenn ein Fonds eine so schlechte Perfomance abliefert, wird er in der Regel von der Kapitalverwaltungsgesellschaft gekündigt, denn niemand kauft mehr Anteile, stattdessen verkaufen aber viele Anleger. Der Fonds wird immer kleiner, durch Geldabflüsse und schlechte

Performance, und wird am Ende zu klein, um die Fixkosten wirtschaftlich vernünftig zu decken.

**Liquidität**

Ein Fonds, der in teilweise schwer zu veräußernde Vermögensgegenstände investiert, birgt das Risiko, dass Sie bei Verkauf Ihrer Anteile das Geld nicht sofort ausgezahlt bekommen. Das kann schlimmer sein als eine schlechte Performance. In der Regel wird jedoch nur die Rückgabe des Geldes verzögert, bis der Fonds es geschafft hat, die illiquiden Vermögensgegenstände zu veräußern.

**Blackbox**

Als Privatanleger sehen Sie leider nicht, was Ihr Fondsmanager macht. Er agiert in einem schwarzen Kasten (Blackbox). Nehmen wir einmal an, Sie könnten es:

Es gibt Fondsmanager A, der vielleicht einmal die Woche die Anlagen überprüft und den Rest der Woche nur Golf spielt.

Dann gibt es noch Fondsmanager B, der täglich die Finanzmärkte checkt, sofort reagiert, wenn etwas passiert, selbst von seinem Urlaubsort (oder vom Golfplatz) aus.

Wem würden Sie Ihr hart verdientes Geld anvertrauen? Vermutlich B. Wem würde ich mein Geld geben? A! Warum? Er agiert wie ein Index. Er hat seine Strategie, bastelt an dieser nicht permanent herum, und ein Index ist meistens am Ende der erfolgreichere Performancegeber.

Es kommt durchaus vor, dass jemand Typ A ist und zu Typ B wird. Insbesondere, wenn es schlecht läuft. Dann steigt die Anzahl der Handelsgeschäfte im Fonds, und die Performance wird meistens noch schlechter. Leider bekommen Sie das nicht mit, das ist das Blackbox-Risiko.

**Praxistipps**

Wenn Sie sich dafür entscheiden, einen Zielfonds zu kaufen, habe ich folgende Checkliste für die Auswahl:

- Versuchen Sie, die Strategie und das Risiko des Fonds zu verstehen. Lesen Sie dafür die Pflichtdokumente und die Beschreibung.
- Wählen Sie einen Fonds, der schon seit mehreren Jahren existiert und gute sowie schlechte Marktphasen durchgemacht hat. Schauen Sie, wie sich der Fonds in den Krisenjahren 2008 (Subprime), 2011 (Fukushima),

2020 (Corona), 2022 (Inflation) und 2025 (Zollkrise) entwickelt hat. Der Markt hat sich von allen Krisen erholt und alle Verluste ausgeglichen – der Fonds auch?
- Nehmen Sie einen Fonds, der wenigstens 100 Mio. EUR groß ist. Dann sind in der Regel auch mehrere institutionelle Anleger investiert, und die sind Ihr bester Anwalt.
- Versuchen Sie, die Ausgabeaufschläge zu umgehen, indem Sie die Anteile an einer Fondsbörse kaufen.
- Seien Sie misstrauisch, wenn der Fonds über Werbung angeboten wird. Ein gut laufender Fonds hat keine Werbung nötig.
- Finden Sie Ihre Fonds bei Finanzwebseiten (onvista.de, finanzen.net) in der Rubrik „Fonds" und nutzen Sie dort den Filter nach Ihren Interessen.
- Vergessen Sie nicht, einen Freistellungsauftrag einzurichten. Wenn Sie noch ein Sparbuch oder Tagesgeldkonto haben, senken Sie dort den Auftrag auf ein Minimum (gerade in Zeiten mit wenig Zinsen) und erhöhen Sie den Betrag lieber beim Depot.

Das sind grundlegende Tipps. Am relevantesten für Ihren Anlageerfolg ist das Thema (Aktien, Renten, Rohstoffe, Währungen, Volatilität). Da ich dafür noch die Investitionsobjekte erläutern muss, komme ich später darauf zurück.

## Der ETF

**Warum den Markt kaufen?**

Ein Exchange Traded Fund (ETF) (deutsch: börsengehandelter Fonds) weist von seinem Namen her auf eine wesentliche Eigenschaft bezüglich des Erwerbs hin. Er wird an einer Börse gehandelt wie eine Aktie. Das hat zwei Vorteile: Zum einen gibt es keinen Ausgabeaufschlag, und zum anderen können Sie an einer Börse sekündlich den Fondspreis verfolgen.

Der Begriff Indexfonds passt jedoch viel besser und wird mittlerweile als Synonym für ETFs genutzt.

Jeder Index bildet einen Markt ab. Deutschland, USA, Europa, Asien, Entwicklungsländer, Welt, große Aktien, kleine Aktien, Technologie,

Gesundheitswesen, Banken & Finanzen, Automobil, nachhaltige Aktien, dividendenstarke Aktien, Rohstoffe mit Agrar, Rohstoffe ohne Agrar, Renten – es gibt für alles, was sich berechnen lässt, einen Index. Gibt es einen Index, gibt es mittlerweile auch fast immer einen ETF, der genau diesen widerspiegelt.

Für die meisten Zielfonds existiert ein Index, der als Vergleich herangezogen werden kann. Historisch musste man feststellen, dass der Index in den meisten Fällen langfristig (häufig auch schon kurzfristig) besser gelaufen ist als der Fonds selbst. Ein rational denkender Investor, also jemand, der Emotionen bei seiner Anlageentscheidung aus dem Spiel lässt, wird sich beim Blick auf die Statistik lieber gleich für den ETF entscheiden. Er kauft also den Markt. Sollten in der Zukunft keine Zeiten kommen, in denen Alternativprodukte den Markt schlagen, wird er das beste Anlageergebnis erzielen.

**Die Indizes**

Der Markt für ETFs boomt. Während am Anfang ETFs auf die bekanntesten Indizes aufgelegt wurden, werden heute gefühlt jeden Tag neue Indizes erfunden, um darauf einen ETF auflegen zu können. Es gibt Firmen, für die das Indexanlegen und Verwalten das wichtigste Geschäftsmodell ist. Der berühmte Dow Jones aus den Medien heißt eigentlich „Dow Jones Industrial Average". Dow Jones heißt die Firma, die ihn berechnet. Die Firma STOXX berechnet an die 300 Indizes, der bekannteste ist der EuroStoxx 50.

Haben Sie schon mal von dem Index „SciBeta HFE Japan Equity 6 F EW UCITS ETF (ISIN: IE00BDBRDY56)" gehört? Den gibt es wirklich, und es existiert selbstverständlich ein ETF darauf. Ich kannte ihn nicht, und was er macht, wusste ich auch nicht. Das musste ich schon recherchieren: Scientific Beta ist der Indexanbieter, und hier werden japanische Aktien nicht nach Größe, sondern nach sechs vom Anbieter definierte Faktoren ausgewählt.

Wenn Sie keine gut und leicht verständlich aufbereitete Information über einen Index im Internet finden, kaufen Sie mit einem ETF darauf die Katze im Sack. Ich würde es nicht machen.

**Die Kosten**

Möchte eine Fondsgesellschaft einen Index in einem Fonds nachbauen (physische Replikation), hat sie drei Möglichkeiten:

1. Sie kauft alle Indexmitglieder entsprechend ihrer Gewichtung. Da die Gewichtungen im Index sich aber durch Marktbewegungen täglich ändern, muss sie auch stetig die Indexmitglieder im Fonds anpassen. Anpassen kostet jedoch immer Geld, die sogenannten Transaktionskosten. Das spiegelt sich in den Fondskosten entsprechend wider.
2. Sie kauft nur die Indexschwergewichte, die unbedeutenden Mitglieder lässt sie weg. Dann muss sie weniger anpassen und hat in etwa auch die Indexperformance. Die Fondskosten werden günstiger.
3. Sie bildet den Index synthetisch, also künstlich, ab. Dazu nutzt sie Finanzkontrakte wie Swaps oder Futures, auf die ich später noch eingehen werde. Das ist die günstigste Variante.

Egal welche Variante die Gesellschaft wählt, preislich schlägt sie die klassischen Zielfonds um Längen. Der ETF braucht keinen Fondsmanager, er braucht nur einen Computer. Je besser dieser programmiert ist, desto niedriger sind die laufenden Kosten.

**Risiken**

**Marktrisiko**
Fällt der Markt, dann ist der ETF voll mit dabei. Er kann sich nicht wehren und seine Investitionsquote zurückfahren. Schlimmer noch: Wenn die Märkte fallen und Anleger ihr Geld abziehen, muss der ETF auch verkaufen, und dadurch fällt der Markt noch stärker. Solange die Märkte sich wieder erholen und irgendwann ein Allzeithoch haben, wird der ETF sich auch wieder erholen – sofern man nicht auf das falsche Thema gesetzt hat.

**Themenrisiko**
Es gibt Indizes, die sich in der Vergangenheit nicht so schnell erholt haben, zum Beispiel der ATHEX Composite (griechischer Leitindex). Nachdem er 2004 bei ca. 1.500 Punkten lag und Ende 2007 bei über 5.000 Punkten notierte, fiel er im Rahmen der Schuldenkrise auf weit unter 1.000 Punkte. Zehn Jahre später war er da immer noch. 2024 erreichte er wieder die 1.500 Punkte.

Wenn Sie auf Branchenindizes setzen, wird es besonders gefährlich. Der EuroStoxx Banks (ja, Banken) hat innerhalb von vielleicht zwei Jahren

80 % eingebüßt. Bei dem Ergebnis hätte jeder Zielfondsmanager seinen Dienst quittiert.

Es ist also wichtig, einen breit gestreuten Index zu nehmen oder selbst zu streuen, indem man mehrere ETFs kauft, von denen jeder eine andere Branche abbildet. Was breit gestreut wirklich heißt, wenn mehrere ETFs gekauft werden, habe ich in meinem Buch „ETFs von Anfang bis Ende" ausführlich beschrieben. Es gibt aber auch ETFs auf Indizes wie dem MSCI World, die nicht perfekt, aber auf einem guten Niveau breit gestreut sind.

## Beurteilung von Zielfonds und ETFs

Wenn Sie einen Zielfonds betrachten, der bereits längere Zeit besteht, können Sie ihn auf Finanzseiten häufig mit einer Benchmark vergleichen. Dies ist bei einigen Finanzseiten wie onvista.de möglich, indem Sie den Fonds aufrufen, auf Charts klicken und die Benchmark anwählen. Ist der Zeitraum lang genug, sehen Sie, was der Benchmark bei starken Abwärts- und Aufwärtsbewegungen passiert ist und ob diese besser abgeschnitten hat als der Fonds.

Dieser Vergleich funktioniert jedoch nur, wenn ein Fonds ausschließlich in Aktien oder in Renten investiert. Investiert er in andere oder in gemischte Strategien, ist es weniger wichtig, welchen Ertrag die Benchmark gebracht hat, denn sie trägt ein anderes Risiko. Trotzdem sollten Sie versuchen, ihn mit einer Aktienbenchmark wie dem MSCI World zu vergleichen, egal was er macht. Es gibt genügend Fonds, die jahrelang traumhafte konstante Gewinne machen und dann überdurchschnittlich in sich zusammenfallen, wenn der Aktienmarkt crasht.

Es ist somit ziemlich einfach, die Qualität eines Fonds zu beurteilen, wenn er bereits länger am Markt ist. Ist er frisch aufgelegt, kann niemand seriös die Qualität bewerten –selbst wenn es ein Fondsmanager ist, der an anderer Stelle in der Vergangenheit bereits Erfolge vorweisen konnte.

Möchten Sie direkt die Benchmark kaufen, geht das mittels eines ETFs.

Bei ETFs zählt der Inhalt, also die Frage: Ist nur eine Branche, eine Region oder der breite Aktienmarkt vertreten?

Für den Erwerb von ETFs habe ich mehrere Tipps:

- ETFs nur dann kaufen, wenn Sie wissen, was der Index dahinter abbildet.
- Für große Indizes gibt es meist mehrere ETF-Anbieter (iShares, Xtrackers, Amundi etc.). Alle sind technisch gleich gut, Sie brauchen sich darüber bei der Auswahl keine Gedanken zu machen. ETFs sind sicher vor einer Insolvenz des Anbieters. Die Kosten können bei den Anbietern aber variieren.
- Vergleichen Sie die Kosten, wenn es für einen Index und bei gleicher Replikationsmethode mehrere Anbieter gibt.
- Suchen Sie sich Ihre Fonds bei Finanzwebseiten (onvista.de, finanzen.net) in der Rubrik „ETF“ und setzen Sie dort den Filter nach Ihren Interessen.
- Vergessen Sie nicht, einen Freistellungsauftrag einzurichten.

Der zugrunde liegende Index wird der größte Erfolgsfaktor sein. Ich komme darauf später zurück.

## Welche Rolle Ihre Bank oder Ihr Versicherungsmakler spielt

Fondsgesellschaften gibt es viele auf der Welt, nicht wenige verwalten mehrere 100 Mrd. EUR an Fondsvermögen (verteilt auf Tausende Fonds). Kennen Sie Blackrock oder Pimco? Es sind die größten Fondsgesellschaften der Welt, doch sie verwalten zum großen Teil institutionelles Geld. Deshalb sind sie dem Privatanleger häufig unbekannt, wobei im Fall von Blackrock die Untermarke „iShares“ als ETF-Anbieter dem einen oder anderen ein Begriff ist.

DEKA, Union Investment oder DWS hingegen sind Ihnen sicher bekannt, wenn Sie Kunde einer Sparkasse, Volksbank oder der Deutschen Bank sind, denn es sind deren Hausfondsgesellschaften. Legt die DEKA einen Publikumsfonds auf, werden die Sparkassen gebeten, bei ihren Kunden Geld dafür einzusammeln.

Ist das verwerflich? Nicht unbedingt, denn alle Fondsmanager, egal bei welcher Gesellschaft, kochen mit demselben Wasser. Es gibt in jeder Gesellschaft gute wie schlechte Manager. Wenn Sie Fonds und insbesondere

ETFs von der hauseigenen Gesellschaft kaufen, haben Sie unter Umständen einen Preisvorteil gegenüber den Fonds von anderen Gesellschaften, weil sie Ihnen als Konzernkunde günstiger angeboten werden. Schauen Sie sich ruhig die Angebote an, doch lassen Sie bitte Vorsicht walten, wenn der Bankberater etwas empfiehlt.

Auch Versicherungsmakler agieren nicht immer unabhängig. Dass die Allianz ihren Kunden Fonds von Allianz Global Investors (kurz: AGI) anbietet, ist sicherlich keine große Überraschung, doch dass die DVAG Vertriebspartner von DWS-Fonds ist, ist nicht auf den ersten Blick ersichtlich. Wenn Ihr Makler Ihnen qualifiziert begründen kann, warum der hauseigene Fonds gut ist, spricht nichts dagegen, diesen zu kaufen. Doch was ist eine qualifizierte Begründung?

Nicht qualifiziert:

„Fonds XY hat in der Vergangenheit eine super Performance gemacht."

Anmerkung von mir: Die Vergangenheit sagt nichts über die Zukunft aus. Das steht auch so in den Anlegerdokumentationen, die Sie ausgehändigt bekommen.

„Fonds XY wird in der Zukunft eine super Performance machen."

Anmerkung von mir: Der Satz wird so direkt nicht fallen, denn dann macht der Berater sich haftbar. Er kann es Ihnen aber vielleicht subtil vermitteln. Beispiele: „Das Thema des Fonds ist ja ein boomender Markt momentan" oder „Der Fonds ist marktneutral, er kann Gewinne machen, egal in welche Richtung der Markt läuft".

„Für Fonds XY haben wir gerade ein Sonderangebot. Die Erwerbsgebühren sind halbiert oder für kurze Zeit weggefallen."

Anmerkung von mir: Davon haben Sie gar nichts, wenn der Fonds schlecht läuft oder teure Verwaltungsgebühren hat. Wenn Sie neutral einen Fonds ausgesucht haben und der auch noch aktuell im Angebot ist, dann herzlichen Glückwunsch, schlagen Sie zu.

Qualifiziert:

„Fonds XY hat unter den vergleichbaren Fonds des gleichen Anlagethemas die beste Kostenstruktur."

„Mit Fonds XY streuen Sie Ihr Risiko im Gesamtdepot."

„Mit Fonds XY setzen Sie auf die breite Industrie, außer Tabak und Glücksspiel, so wie Sie es wollten."

Der Bankberater hat möglicherweise eine Vorgabe, was er verkaufen soll, er ist somit kein unabhängiger Berater. Empfiehlt er von sich aus, ohne dass Sie ihn gefragt haben, provisionsarme Produkte (z. B. ETFs), so gehört er zu den besseren Beratern.

Damit Sie die wichtig klingenden Fondsnamen und die Strategien in einem Fondsprospekt verstehen, werde ich Ihnen im nächsten Kapitel die Begriffe aus der Fonds- und auch die wichtigsten aus der Finanzwelt erklären.

## Begriffe aus der Fondswelt

**Long / short – oder einfach nur die Seite**

Egal was am Finanzmarkt gehandelt wird, ob Aktien, Anleihen, Rohstoffe, Devisen – es wird immer Marktteilnehmer geben, die der Meinung sind, dass ein Markt steigt, und welche, die es anders sehen, vielleicht sogar darauf wetten wollen, dass es anders kommt.

Lassen wir mal die Spekulanten beiseite. Ein Rohstofflieferant wird Probleme bekommen, wenn sein Rohstoff im Preis fällt. Er wird ihn nicht mehr kostendeckend verkaufen können. Am Finanzmarkt kann er sich dagegen absichern. Er kann Produkte kaufen, die ihm eine Auszahlung geben, wenn sein Rohstoff fällt. Das kostet etwas, denn es ist eine Versicherung. Je wahrscheinlicher es ist, dass der Rohstoff richtig stark fallen könnte (zum Beispiel aufgrund historischer Schwankungen), desto teurer wird die Prämie.

Wenn jemand Aktien direkt hält – oder auch indirekt durch Fonds –, wird er sie wahrscheinlich irgendwann verkaufen. Vielleicht wurde das Anlageziel erreicht, das Geld wird benötigt oder das Gefühl geht um, dass ein großer Crash bevorsteht.

Ob durch Spekulanten, Absicherer oder Gewinnmitnehmer, es gibt einen Markt für Kauf oder Verkauf – also für beide Seiten. Deshalb nennt man die Positionierung in Kauf- oder Verkaufsrichtung auch „Seite“. Gäbe es beide Seiten nicht, würde kein Handel stattfinden können und der Markt würde nicht funktionieren.

Ein Marktteilnehmer, der auf steigende Kurse setzt, ist long (deutsch: lang). Ein Teilnehmer, der auf fallende Kurse setzt, ist short (deutsch: kurz). Es mag Fachsprache sein, doch wenn Sie einen ETF kaufen, der „Short DAX“

heißt, muss Ihnen klar sein, dass der Fonds nur Gewinn macht, wenn der DAX fällt.

Vorsicht, Falle! Wenn es um Anleihenfonds geht, bedeutet long nicht, dass Sie auf steigende Zinsen setzen. Heißt der Fonds „Short Duration", hat es nicht mal irgendwas mit der Seite zu tun. In dem Fall lässt sich der Begriff plausibel ins Deutsche mit „kurze Laufzeit" übersetzen. Bei Devisen muss man auch genau überlegen, ob man bei „Long EUR" profitiert, wenn der EUR/USD-Kurs von 1,20 auf 1,30 steigt oder von 1,20 auf 1,10 fällt.

Zu den Anleihen und Devisen komme ich später noch, mir ist hier nur wichtig zu erklären, dass Long und Short zwar die Kauf- oder Verkaufsseite bezeichnen, an unterschiedlichen Märkten aber andere Bedeutungen haben können.

Es kann auch alternative Begriffe für Long und Short geben. Ein lang anhaltend steigender Markt hat ein eigenes Symbol – den Bullen. Wer auf steigende Märkte setzt, ist entsprechend bullisch (englisch: bullish). Das Gegenteil, der lang anhaltend fallende Markt, wird durch einen Bären symbolisiert. Wer auf fallende Märkte setzt, ist bärisch (englisch: bearish). Ein ETF-Name, in dem „Bull" vorkommt, ist also long und bei „Bear" entsprechend short.

Bullische Märkte nennt man auch Hausse und bärische Märkte Baisse. Die Begriffe habe ich auf Finanzprodukten aber noch nie gesehen – vermutlich, weil viele sie nicht richtig aussprechen können.

**Value / Growth – Stockpicking**

Value und Growth sind die zwei vorherrschenden Strategien im Aktienfondsmanagement beim Stockpicking. Bei diesem Verfahren geht es darum, Aktien aus einem bestimmten Universum auszuwählen, die in Zukunft besser als andere Aktien des gleichen Universums steigen werden. Es lässt sich nicht immer trennscharf eine Linie ziehen. Es kann sein, dass eine Aktie für einen Valuemanager gleichermaßen interessant ist wie für den Kollegen, der den Growth-Stil verfolgt.

**Value**

Der Value-Investor investiert in Unternehmen, die bereits am Markt etabliert sind, deren Geschäftsmodell weiter vielversprechend ist und deren Wert an der Börse zu niedrig zu sein scheint. Dafür nutzt er diverse Bewertungstechniken, vergleicht die Unternehmen mit ihren Konkurrenten und versucht, den Erfolg des Geschäftsmodells in der Zukunft zu analysieren. Kommt er bei Berücksichtigung aller Analysen zu dem Schluss, dass das Unternehmen XY 2 Mrd. EUR wert ist und an der Börse einen Wert von 1,5 Mrd. EUR hat, so kauft er die Aktie.

Ob dieser Ansatz erfolgversprechend ist?

Dafür spricht:

- In Krisenzeiten fällt der Gesamtmarkt, obwohl nicht alle Aktien von dem Krisenauslöser betroffen sein können. Das kann durch ETFs am Markt sogar verstärkt werden, weil diese bei fallendem Gesamtmarkt alle ihre Werte reduzieren. So fielen Amazon-Aktien zu Beginn der Coronapandemie oder Stromversorger in der Finanzmarktkrise. Diese Werte erholten sich am schnellsten, denn selbst Anfänger am Markt ohne große Analystenfähigkeiten konnten erkennen, dass es sich hier um Value-Aktien handelte.
- Da Value-Aktien in der Regel gute Dividendengeber sind, lohnt sich häufig ihr Kauf, selbst wenn die Wette (Aktie ist gerade unterbewertet) nicht aufgeht.

Dagegen spricht:
Solange niemand Insiderinformationen (Informationen, die die Öffentlichkeit nicht hat) besitzt und diese ausnutzt (das ist strafbar), spiegelt der Börsenkurs alle verfügbaren Informationen über ein Unternehmen wider. Die Ausnahmen sind Zeiten von Crashs, wo häufig alle Regeln außer Kraft gesetzt sind. Doch genau dann traut sich niemand zu kaufen. Eine Börsenweisheit sagt: „Greife nie in ein fallendes Messer", und daran halten sich auch viele Value-Investoren.

Warren Buffett ist einer der berühmtesten und erfolgreichsten Value-Investoren. Er ist nicht zwingend dafür bekannt, dass er Aktien analysiert und zuschlägt, wenn er glaubt, dass sie zu billig sind. Er kann jedoch sehr gut beurteilen, ob ein Geschäftsmodell Erfolg haben wird, und er hält seine Investitionen sehr lange. Da kann dann auch mal ein Fehlgriff dabei sein, doch dieser wird von erfolgreichen Entscheidungen um ein Vielfaches kompensiert.

**Growth**
Wenn Unternehmen noch keinen oder wenig Gewinn erzielen, aber ein starkes Potenzial für die Zukunft haben, nennt man sie auch Wachstumswerte. Wachstum heißt auf Englisch growth, und der Begriff drückt eine häufig vorkommende Anlagestrategie aus. Investoren schauen nicht auf das bisher Erreichte, Investoren blicken in die Zukunft. Das Risiko ist bei Growth höher. Falls die Prognose mit dem Zukunftsmarkt zutrifft, ist noch nicht klar, ob das auserwählte Unternehmen das auch für sich nutzen kann. Eine Firma, die in der Vergangenheit noch keine Gewinne gemacht hat, hat den Beweis noch nicht erbracht, es in Zukunft zu können.

Ob dieser Ansatz erfolgversprechend ist?

Dafür spricht:
Gehen wir davon aus, dass alle Informationen über ein Unternehmen bekannt sind, dann müsste der aktuelle Unternehmenswert an der Börse fair bewertet sein. Den Growth-Investor stört das nicht, selbst wenn das Unternehmen vielleicht zu teuer ist. Er setzt ohnehin auf die Zukunft, die niemand kennt.

Bei der Strategie kann auch mal eine Fehleinschätzung dabei sein, ohne das Gesamtergebnis aller Investitionen zu gefährden. Wachstumswerte sind Kandidaten für eine Verdopplung oder Verdreifachung ihres Wertes innerhalb einer überschaubaren Zeit. Dieses Potenzial macht häufig einzelne Verluste wieder wett.

Dagegen spricht:
Welche Branche in Zukunft führend sein wird und welche Firma das auch nutzen kann, ist sehr schwer zu beurteilen. Hier muss der Fondsmanager nicht nur betriebswirtschaftlicher Experte, sondern auch Branchenkenner sein. Ersteres sind viele, doch mit der Branchenkenntnis wird es schwierig, vor allem wenn es um Branchen geht, die es vor Kurzem noch nicht gab.

In einem Investmentfonds lässt sich die Strategie schwer umsetzen. Er muss die Aktien streuen, die meisten dürfen nur einen Anteil von 5 % ausmachen, nur vier von ihnen dürfen mit maximal 10 % im Fonds gewichtet sein. Sind also ein oder zwei Kursraketen dabei, so steigen die schnell über 10 % und müssen immer wieder verkauft werden, damit sie unter diese Schwelle fallen. Diese Gewinnmitnahmen haben zwar auch Vorteile, doch es erschwert es den starken Aktien, die Verluste der schwächeren wieder wettzumachen.

Zusammengefasst gilt für Value- und Growth-Strategien: Die gesetzlichen Einschränkungen bei Investmentfonds, aber auch der Performancedruck können selbst einem Fondsmanager mit einem guten Händchen Schwierigkeiten bereiten.

**Balanced Fonds**

Ein Fonds, der in Anleihen und Aktien investiert, ist ein Mischfonds und hat häufig den Begriff „Balanced" im Fondsnamen. Ob ein Fonds dann auch ausbalanciert in Anleihen oder Aktien investiert oder Anleihen nur als Beimischung zu einem Aktienfonds sieht, muss man leider schon genau in den Verkaufsunterlagen nachlesen.

Wollen Sie Ihr Wertpapierdepot genau mit 50 % Anleihen und 50 % Aktien aufstellen, sollten Sie vermutlich einen Aktien- und einen Anleihenfonds kaufen.

**Hedgefonds und Hedge**

**Hedgefonds**

Als ich noch nicht wusste, was ein Hedgefonds ist, hat mir mal jemand erklärt: „Ein Hedgefonds macht auf Teufel komm raus Gewinn." Ich würde es heute jedoch so erklären: „Ein Hedgefonds versucht, in allen Marktphasen Gewinn zu machen, und nutzt dabei auch unkonventionelle Techniken."

Welche Techniken das sind und deren Beurteilung würden locker ein ganzes Buch füllen, deshalb werde ich nur die in meinen Augen berühmtesten zwei Strategien aufführen, die ein normaler Investmentfonds (OGAW) nicht leistet:

Leerverkauf (englisch: Short Selling): Ein Hedgefonds kann Aktien von jemandem leihen und verkaufen, um sie später günstiger zurückzukaufen (falls sie gefallen sind) und dem Verleiher zurückzugeben. Die Strategie benötigt keine steigenden Märkte. Geht die Wette nicht auf und die Aktie steigt, muss der Fonds zurückkaufen, egal zu welchem Preis, und das kann das komplette Fondsvermögen vernichten.

Hebel (englisch: Leverage): Ein Hedgefonds kann einen Kredit aufnehmen und damit seinen Einsatz verstärken, also hebeln. Ein 100-Mio.-EUR-

Fonds, der 40 Mio. EUR Kredit aufnimmt, weil er sicher ist, mehr zu erwirtschaften, als er Kreditzinsen zahlen muss, ist mit 140 % Einsatz investiert.

In dem Wort Hedgefonds ist das Wort Hedge enthalten, ein Begriff, der in der institutionellen Finanzwelt täglich fällt. Hedge heißt auf Deutsch Hecke, in der Finanzwelt kann es sinngemäß als „Absicherung" übersetzt werden. Eine Hecke bietet Schutz, daher kommt sicher der Zusammenhang.

Ein Hedgefonds soll eine Alternative zu konventionellen Fonds sein, die in schwachen Marktphasen regelmäßig Verluste machen. Mit einem Hedgefonds soll die Marktphase egal sein.

Auf fallende Kurse können auch Investmentfonds setzen, selbst wenn sie keine Leerverkäufe machen dürfen. Dafür gibt es die riesige Welt der Derivate, mit denen auf Finanzmarktereignisse gesetzt werden kann, egal ob jemand long oder short ist. Die langfristige Kreditaufnahme ist für Fonds verboten, sie dürfen maximal 10 % ihres Vermögens kurzfristig aufnehmen. Derivate geben ihnen aber trotzdem die Möglichkeit, den Einsatz zu erhöhen. Gesetzlich sind bis zu 200 % des üblichen Marktrisikos möglich.

Die technischen Ausweichmöglichkeiten verleiten den einen oder anderen OGAW-Fonds dazu, sich in seiner Strategie als Hedgefonds darzustellen, auch wenn er sich selbst nicht so nennen darf. Deshalb führe ich es hier an, denn nur weil der ursprüngliche Sinn des Hedgefonds die Absicherung war, ist hier kein risikominderndes Produkt zu erwarten.

### Hedge

Der Begriff Hedge an sich ist für Investoren als Absicherung zu verstehen. Der Klassiker ist hier die Absicherung gegenüber Währungsrisiken. Investieren Sie in einen Fonds, der beispielsweise in Dollar-Werte investiert, werden Sie indirekt ein Währungsrisiko haben. Ein Fonds, der „EUR hedged" im Namen trägt, sichert die Währungsrisiken. Dafür gibt es auch Derivate. Der Begriff ist häufig bei ETFs zu finden oder bei Zertifikaten. Ein aktiver Fondsmanager sichert in der Regel ohnehin sein Währungsrisiko ab, denn wenn er schon die richtigen Werte aussucht, wird er sich durch den Währungseinfluss nicht das Gesamtergebnis verderben wollen.

Doch Währungssicherung kostet. Sie kostet insbesondere dann, wenn die zu sichernde Währung nicht besonders stabil ist. Die jährliche Gebühr frisst Rendite und kann einen ETF im Extremfall genauso teuer machen wie einen Zielfonds.

**Total Return / Absolute Return**

Die sehr ähnlich klingenden Begriffe Total Return und Absolute Return sind sehr beliebt in der aktiven Investmentfondswelt und haben eine Gemeinsamkeit – sie versuchen, sich vom klassischen Benchmark-Denken des Marktes zu lösen. Sie versprechen Gewinne unabhängig von der Marktentwicklung, und ihr Ziel ist häufig ein Jahresergebnis von Marktzins + x. Eine exakte Definition ist schwierig, weil dies jede Fondsgesellschaft für sich selbst definiert. Es bleibt einem oft nichts anderes übrig, als genauer in die Verkaufsdokumente zu schauen, sofern es überhaupt möglich ist. Trotzdem versuche ich, das allgemeine Verständnis zusammenzufassen.

**Absolute Return Fonds**

Möglichst Gewinne machen, egal ob Aktien oder Renten steigen oder fallen. Das ist meistens das Ziel von Absolute Return (deutsch: absoluter Gewinn). Ein beliebtes Mittel dafür ist der Verkauf von Risikoprämien. Da werden Wetten eingegangen, wie zum Beispiel, dass der Markt in den nächsten sechs Monaten nicht bis zur Schwelle X steigt oder fällt. Dafür gibt es eine Prämie. Tritt das Wettereignis nicht ein, kann der Fonds die Prämie behalten. Tritt das Ergebnis ein oder wird der Eintritt lange vor dem Stichtag wahrscheinlicher, muss der Fonds die Gegenwette eingehen, um sich abzusichern. Die Prämie, die er dann zahlen muss, ist um ein Vielfaches höher – es wird also richtig teuer. Die Strategie geht oft über Jahre gut, doch irgendwann schlägt der Markt unerwartet und erbarmungslos zu.

Tipp: Möchten Sie einen Fonds kaufen, der irgend (was mit Prämien macht oder Absolute Return verspricht, schauen Sie sich an, wie lange dieser schon existiert und was mit ihm in Krisenzeiten passiert ist.

**Total Return Fonds**

Ist ein Fonds flexibel bei der Wahl seiner Investitionsklassen, kann er also Aktien, Renten, Rohstoffe, Devisen oder Geldmarktprodukte einsetzen, so könnte er theoretisch immer in die Sachen investieren, die sich nicht auf einer Talfahrt befinden. Es wäre also möglich, trotz Schwankungen an den Börsen immer einen Ertrag zu haben: durch Kursgewinne, Dividenden oder Zinsen. Ein Ertrag aus dem „totalen“ Universum des Finanzmarkts ist möglich. Deshalb der Name Total Return (deutsch: totaler Ertrag).

Leider wird der Begriff auch noch an anderen Stellen in der Finanzwelt verwendet – auch an Stellen, die den Privatanlegern begegnen. Hier ist also Vorsicht geboten, denn es ist nicht alles Gold, was glänzt.

Ein Total Return Index ist beispielsweise ein Index, der die theoretisch ausgeschütteten Erträge seiner Mitglieder wieder anlegt. Das ist beim DAX-Index der Fall. Der Kurs des DAX-Index spiegelt den totalen Ertrag wider.

**Sustainable / ESG / SRI**

Grün und nachhaltig ist in aller Munde und der absolute Trend in der Fondswelt. Ältere Fonds, die nur in nachhaltige Unternehmen investieren, haben teilweise den Zusatz „nachhaltig“ oder englisch „sustainable“ bereits im Namen.

Mittlerweile etablieren sich die Kennzeichen ESG (Environmental, Social, Governance) oder SRI (Socially Responsible Investment) am Markt. ESG ist hierbei etwas speziell Europäisches.

Die EU verpflichtet Investmentfonds zu deren Klassifizierung (Offenlegungsverordnung). Diese erfolgt anhand der verbindlich festgelegten Anlagestrategie hinsichtlich ESG-Kriterien, ähnlich wie beim Nutri-Score auf Nahrungsmitteln. Die Oberkriterien sind Umwelt, Soziales und gute Unternehmensführung.

Was konkret unter den drei Oberkriterien zu verstehen ist, wurde von der EU in der Taxonomie-Verordnung festgelegt. Die Kriterien werden fortlaufend weiterentwickelt. Jeder Fonds oder Index kann jedoch anders definieren, wie er ESG berücksichtigt, solange er sich im Rahmen des gesetzlich Möglichen bewegt.

Beispiel: Ein Indexanbieter, der einen Aktienindex berechnet, möchte den Aktienindex als ESG-Variante herausbringen. Dafür legt er fest, das E (Environmental, deutsch: Umwelt) durch den Ausschluss von Firmen, die Kohle oder Atomkraft vertreiben, erfüllt wird. S (Social, deutsch: Soziales) wird erfüllt, indem er Firmen ausschließt, die mit Rüstung oder Tabak ihr Geld verdienen. Für G (Governance, deutsch: Unternehmensführung) müssen Firmen Betriebsräte zulassen oder die Vergütungspolitik offenlegen. Der Indexanbieter wirft also einige Energieversorger (wegen Atomkraft), einzelne Luftfahrtunternehmen (Rüstung) oder Firmen ohne Betriebsrat raus. So wurde mit wenig Aufwand einem Index das Siegel ESG gegeben.

In der Praxis wird häufig auf einen ESG-Score verwiesen, also eine Punktzahl, die versucht, die Nachhaltigkeit zu messen. Wenn ein Unternehmen mit schlechter Governance umwelttechnisch weit vorn liegt, ziehen diese Kriterien es von den hinteren Plätzen in die Mitte und machen die Firma wieder investierbar.

Was heißt das für Sie? Verwechseln Sie das ESG-Label nicht mit einem Bio-Siegel. Sie investieren nicht zwangsläufig in grüne Werte. Das Thema Nachhaltigkeit ist zudem so stark in Mode, dass Aktiengesellschaften sich mittlerweile ESG-konform „zurechtbiegen", um nicht als verantwortungslose Kapitalgesellschaften dazustehen.

**Kontrahent / Emittent**

Die Begriffe Kontrahent und Emittent fallen häufig in der Finanzwelt. Oft sind sie ein und dasselbe, doch sie können auch unterschiedliche Dinge beschreiben.

**Emittent**

Veranlasst jemand am Markt die Herausgabe eines Wertpapiers, ist er ein Emittent. Ein Unternehmen kann Aktien oder Anleihen emittieren. Investmentbanken emittieren Zertifikate. Fondsgesellschaften emittieren Fonds, wobei korrektere Begriffe hier „auflegen" oder „lancieren" sind.

**Kontrahent**

Ist die Rückzahlung Ihres investierten Geldes von der Bonität eines Geschäftspartners abhängig, so ist dieser ein Kontrahent. Man spricht hier auch vom Kontrahentenrisiko, das derjenige hat, der dem Kontrahenten in irgendeiner Art und Weise Geld leiht.

**Gemeinsamkeiten und Unterschiede**

Bei Anleihen und Zertifikaten haben Sie ein Kontrahentenrisiko gegenüber dem Emittenten.

Wenn es um Aktien geht, sind Sie Teilhaber am Emittenten. Die Aktiengesellschaft ist somit kein Kontrahent von Ihnen. Trotzdem haben Sie als Aktieninhaber ein Problem, wenn die Firma, an der Sie beteiligt sind, insolvent ist.

Fondsgesellschaften sind keine Kontrahenten von Ihnen. Sie verwalten Ihr Geld, das ein Sondervermögen und damit insolvenzsicher ist. Es kann jedoch sein, dass der Fonds, der Ihr Geld verwaltet, Verträge mit Kontrahenten macht.

# *Aktien – die berühmteste Assetklasse*

Der Begriff Assetklasse ist den meisten Einsteigern sicher nicht geläufig, deshalb fange ich von vorn an.

Asset ist ein englischer Begriff, der mit Vermögen oder Bestand ins Deutsche übersetzt wird, aber an der Börse einen speziellen Kontext hat. Vermögensgegenstand trifft es hier eher.

Alles, was ein Fondsmanager oder Sie im Privatdepot kaufen, verkaufen oder disponieren können, ist ein sogenanntes Asset. Warum man es nicht gleich Aktie nennt? Weil es neben der Aktie auch noch viele andere Vermögensgegenstände gibt, die ein Investor kaufen kann, viele werden Sie sogar kennen. Wenn Sie auf Ihr Girokonto schauen, sehen Sie ein Asset – Geld. Selbst wenn Ihr Konto im Minus ist. Es gibt Investoren, die Kredite in Euro aufnehmen und den Gegenwert aber in US-Dollar haben, also unterm Strich gar nicht im Minus sind – nur um irgendwie mit der Konstellation Geld zu verdienen. Fonds, die Sie vielleicht kaufen möchten, wären auch Assets. Es gibt viele professionelle Fondsmanager, die nur Fonds kaufen und keine einzige Aktie, wir sprechen hier von sogenannten Dachfonds.

Fondsmanager, die darüber entscheiden, welche Produkte in ihr Portfolio (die Vermögensgegenstände im Fonds) kommen, nennt man auch Asset Manager. Kauft einer nur Aktien, so sagt man, er ist nur in der Assetklasse Aktien unterwegs. Faktisch wird er aber immer auch ein bisschen Bankguthaben in seinem Fonds haben und ist deshalb schon mal in mindestens zwei Assetklassen aktiv. Damit sollte der Begriff Assetklassen klar sein – es sind, kurz gesagt, Investitionskategorien.

Wie viel Prozent jemand in eine Assetklasse investiert und wie viel in eine andere, nennt man in Fachkreisen Asset Allocation (deutsch: Verteilung der Vermögensgegenstände oder Investitionen).

In diesem Kapitel gehe ich auf die einzelnen Assetklassen ein, werde sie erklären und die Basis dafür schaffen, dass darin investiert werden kann. Dabei werden Ihnen einerseits die Chancen und Risiken sowie andererseits die Funktionsweise erläutert. Ich beginne mit der geläufigsten Assetklasse, den Aktien.

## Die Aktiengesellschaft

Hat jemand eine Geschäftsidee und gründet ein Unternehmen, so braucht er meistens Geld. Das Geld für den Start stammt häufig aus Ersparnissen oder vielleicht von Sponsoren (oder der Familie). Ist der Sponsor nicht aus der Familie (im Rahmen einer Schenkung oder Erbschaft), wird nicht selten eine Beteiligung (am Unternehmen oder an zukünftigen Gewinnen) verlangt, mindestens jedoch die Rückzahlung eines eventuell vergebenen Darlehens.

Unternehmer starten in der Regel als persönlich haftende Rechtsform (z. B. als Kaufmann) und sind, sofern es Sicherheiten im Privaten gibt, gern gesehene Kreditnehmer bei Banken. Geht die Unternehmung schief, so können sich Gläubiger aus dem privaten Vermögen des Gesellschafters bedienen, um ihre Schulden zu befriedigen.

Werden das Unternehmen und das Firmenrisiko aufgrund externer Faktoren (dazu können auch Mitarbeiter zählen) größer, steht häufig der Wandel zu einer Kapitalgesellschaft an, in der das Haftungsrisiko des Unternehmers begrenzt werden kann. Man stelle sich vor, jemand baut ein solides Unternehmen auf und aufgrund eines Fehlers eines einzelnen Mitarbeiters wird es zerstört. Wenn als Konsequenz dann noch der Unternehmer mit seinem Privateigentum haftet, wird es bitter. Externe Faktoren können neben einer Wirtschaftskrise auch Regulatorik (z. B. Steuergesetzgebung) oder Kriminalität sein.

Eine Gesellschaft mit beschränkter Haftung, der Klassiker unter den Kapitalgesellschaften in Deutschland, ist schnell gegründet, doch was auf den ersten Blick vorteilhaft erscheint, hat auch Nachteile. Wenn ein Unternehmen nicht stetig, sicher und zeitnah Gewinne erwirtschaftet, wird kein Geld für Firmenerweiterungen zur Verfügung stehen. Wer leiht jemandem Geld, der noch keine oder wenige Gewinne macht, wenn dieser, falls das Unternehmen scheitert, noch nicht einmal voll haftet?

Kapitalgesellschaften können, falls es Sicherheiten gibt, Kredite aufnehmen – das ist das sogenannte Fremdkapital. Kapital gibt hier ein Fremder, der keinen Einfluss auf das Geschäft des Kreditnehmers nehmen kann, jedoch mit einem Zins dafür entlohnt wird.

Das Pendant zum Fremdkapital ist das Eigenkapital. Hier erwirbt die Gesellschaft Kapital von jemandem, der im Gegenzug an dem Unternehmen beteiligt ist. Wird das Unternehmen in eine bestimmte Anzahl von Anteilen eingeteilt und jeder Anteil in Form eines Anteilsscheins an Investoren verkauft, ist die Aktie geboren und das Unternehmen wird eine Aktiengesellschaft. Das Geld für Aktien fließt dem Unternehmen zu und spült Geld für Investitionen in die Kasse. Die Ausgabe der Aktien kann privat an einen erlesenen Kreis oder öffentlich für jedermann zum Investieren erfolgen.

## Der Börsengang – Primärmarkt

Wird eine Aktie zum ersten Mal der Öffentlichkeit zum Kauf angeboten, wird von einem IPO (Initial Public Offering – deutsch: erstes öffentliches Angebot oder Börsengang) gesprochen.

Das funktioniert, vereinfacht dargestellt, so:

Ein Unternehmen ist laut Schätzung 100 Mio. EUR wert.

Es bietet im Rahmen eines IPOs 10 Mio. Aktien zu einem Preis von 8 bis 12 EUR an. Dann kann jedermann Angebote mit Stückzahl (z. B. 10.000) und Preis (z. B. 9,50 EUR) abgeben (das sogenannte Zeichnen).

Warum nicht 10 EUR (10×10 Mio. ist doch 100 Mio.)? Weil die 100 Mio. EUR eine Schätzung sind.

Wenn die Schätzung nicht richtig war und die meisten Investoren das Unternehmen auf 85 Mio. EUR Wert schätzen, zeichnet niemand oder nur wenige Investoren die Aktien, und der Börsengang wird zum Reinfall ohne nennenswerten Ertrag.

Geben die Investoren Gebote für durchschnittlich 11 EUR ab und werden alle verfügbaren Aktien gezeichnet, fließen dem Unternehmen 110 Mio. EUR zu.

An der Stelle ist die Börse noch nicht im Spiel, hier werden die Aktien direkt vom Unternehmen an die Investoren verkauft – das nennt man Primärmarkt.

## Die Börse – Sekundärmarkt

Wenn die Aktien über den Primärmarkt verteilt sind, kommt der Tag der Börseneinführung (die Aktien werden emittiert).

Ich spreche hier von Börsen allgemein, es gibt Hunderte auf der Welt und einige auch in Deutschland. Man nennt sie auch Sekundärmarkt. Nicht jede in Deutschland emittierte Aktie ist an allen Börsen gelistet (oder anderes Wort: notiert). Jede Börse hat ihre Anforderungen an ein Listing (z. B. zu Verkaufsprospekten, Veröffentlichungspflicht usw.). Damit eine Aktie für die Öffentlichkeit zugänglich ist, muss sie an wenigstens einer Börse notiert sein. Die Börse stellt die Preisnotierung (den Börsenkurs) während ihrer Öffnungszeiten sicher.

## Der Börsenkurs

Wie kommt der Preis an der Börse zustande? Die Klassikerantwort: durch Angebot und Nachfrage. Alles klar?

Ich kann es zumindest technisch erklären:

Szenario 1: Ein Käufer gibt ein Kaufgebot für 10 Aktien zu je 10 EUR ab, ein Verkäufer ist bereit, 10 Aktien market bzw. bestens (egal zu welchem Preis) zu verkaufen.

Das Geschäft über 10 Aktien wird zu 10 EUR abgewickelt und der Börsenkurs liegt bei 10 EUR.

Szenario 2: Ein Käufer sucht 8 Aktien market bzw. billigst (egal zu welchem Preis), ein Verkäufer ist bereit, 15 Aktien zu je 11 EUR zu verkaufen.

Das Geschäft wird über 8 Aktien zu 11 EUR abgewickelt, und der Börsenkurs liegt bei 11 EUR. Der Verkäufer bleibt auf 7 Aktien sitzen, bis sich ein weiterer Käufer findet.

Szenario 3: Ein Käufer gibt ein Kaufgebot für 10 Aktien zu je 10 EUR ab, ein Verkäufer ist bereit, 15 Aktien zu je 11 EUR zu verkaufen.

Nichts passiert. Der letzte Kurs, zu dem mal etwas passiert ist (vielleicht Szenario 1), bleibt als aktueller Börsenkurs bestehen. Wenn den ganzen Tag nichts passiert, wird die Börse vielleicht mittags oder zum Börsenschluss einen theoretischen Preis veröffentlichen. In dem Fall 10,50 EUR, obwohl kein Handel zu diesem Kurs stattgefunden hat.

In der Realität gibt es nicht nur einen potenziellen Käufer oder Verkäufer, sondern Hunderte auf jeder Seite, mit unterschiedlichen Stückzahlen und Preisvorstellungen (Limits). Ich werde es Ihnen ersparen, hier das Orderbuch einer Börse abzudrucken. Selbst wenn Sie planen, Preisfeststeller (sogenannter Skontroführer) an einer Börse zu werden, muss ich Ihnen leider sagen, dass das seit vielen Jahren ein Computer macht.

## Was der aktuelle Aktienkurs ausdrückt

Der Aktienkurs, multipliziert mit der Anzahl der existierenden Aktien des Unternehmens, zeigt den Börsenwert, die sogenannte Marktkapitalisierung, an. Wenn ich das Unternehmen komplett kaufen möchte, werde ich theoretisch diese Marktkapitalisierung aufwenden müssen, um alle Aktien aufzukaufen. In der Praxis sieht das aber anders aus. Sobald ich anfange, Aktien in großem Stil von einer Firma zu kaufen, wird es schnell keine Verkäufer mehr geben, die mir die Wertpapiere zu einem vernünftigen Preis verkaufen. Darüber hinaus bin ich regulatorisch dazu verpflichtet, bestimmte Schwellenwerte (z. B. 10 %), die ich an dem Unternehmen halte, zu melden, sodass ich hier nicht heimlich alle verfügbaren Aktien einsammeln kann.

Ich muss also entweder Verkäufer finden, die große Aktienpakete halten, und denen ein lukratives Angebot zur Abnahme ihrer Papiere machen, oder ich mache ein Übernahmeangebot an alle Aktionäre. Dieses sollte so lukrativ sein (z. B. 30 % über dem aktuellen Kurs), dass auch möglichst viele

Anleger einwilligen, da sie sonst vielleicht viele Jahre lang auf einen Kursgewinn von 30 % warten müssten.

Es muss dem Übernehmenden es jedoch wert sein, die Marktkapitalisierung plus 30 % auszugeben, denn niemand verschenkt Geld. Die Gründe können vielfältig sein. Ein Unternehmen möchte sich vergrößern, indem es ein anderes übernimmt, um selbst das größte und mächtigste Unternehmen in seiner Branche zu werden. Das könnte für den Übernehmenden zukünftige Gewinne bedeuten, die den Kaufpreis wieder reinholen.

Der Aktienkurs zeigt zwar theoretisch den Wert des Unternehmens, doch ob dieser korrekt ist (fairer Wert), weiß niemand so recht. Analysten versuchen, den fairen Wert mit mathematischen Modellen (z. B. Discounted Cash-Flow) zu berechnen, doch darin steckt eine Gewinnerwartung für die nächsten Jahre. Sie können sich bestimmt gut vorstellen, wie sicher es ist, die exakte Höhe der Gewinne z. B. in vier oder fünf Jahren zu prognostizieren. Entsprechend sind die Analysen und vor allem die Kursziele mit Vorsicht zu bewerten.

Ich lese die Analysen trotzdem, denn sie geben oft einen guten Einblick in die aktuelle Unternehmenslage. Und wer wälzt schon gerne selbst die Bilanzen oder hat die Chance, die Firmenleiter persönlich zu sprechen, um ihnen auf den Zahn zu fühlen? Analysten haben diese Möglichkeiten. Die Analysten können zwar nicht die Zukunft voraussehen (auch wenn es manche vielleicht von sich glauben), doch sie können Chancen und Risiken für das Unternehmen aufzeigen.

Was drücken die aktuellen Aktienkurse nun aus? Die durchschnittliche Meinung zum aktuellen Wert der Marktkapitalisierung (zur Erinnerung: Marktkapitalisierung dividiert durch die Anzahl der ausgegebenen Aktien ist der Aktienkurs). Es gibt Marktteilnehmer, die der Meinung sind, dass die Marktkapitalisierung zu niedrig sei. Sie werden tendenziell die Aktie kaufen. Diejenigen, die sie für zu hoch halten, werden die Aktie verkaufen (falls sie diese besitzen) oder meiden. Findet der Durchschnitt aller potenziellen Investoren, dass die Marktkapitalisierung höher ist, als es der aktuelle Kurs ausdrückt (das Unternehmen ist also nicht fair bewertet), wird die Aktie so lange steigen, bis der vermeintlich faire Wert erreicht ist.

## Die Dividenden

Was sollte der Grund sein, in Aktien zu investieren, wenn sich zukünftige Gewinne von meinen auserwählten Unternehmen ohnehin nur schwer abschätzen lassen, sodass ich nicht zwingend auf Kursgewinne setzen kann? Die Gewinnbeteiligung – die sogenannten Dividenden.

Macht ein Unternehmen Gewinne, trifft es einmal im Jahr eine wichtige Entscheidung. Es behält entweder die Gewinne im Unternehmen, um z. B. investieren zu können, ohne teures Fremdkapital zu leihen. Das ist häufig bei jungen Aktiengesellschaften der Fall, die stark wachsen.

Oder aber das Unternehmen schüttet die Gewinne oder Teile davon an die Aktionäre aus. Die Aktiengesellschaft beschließt dann auf der Hauptversammlung, dass alle Aktionäre für jede Aktie, die sie halten, eine Dividendenzahlung bekommen.

Beispiel: Sie halten 1.000 Aktien der XY AG. Der Aktienkurs liegt momentan bei 20 EUR. Die Gesellschaft entscheidet sich für die Ausschüttung von 0,50 EUR Dividende. Sie bekommen 500 EUR (0,50 EUR mal 1.000 Aktien) ausgezahlt.

Das sind 2,5 % Dividendenrendite auf Ihre aktuelle Investition. Doch ist das für Sie ein Gewinn? Erst einmal nicht. Sonst wäre es sehr einfach, am Tag vor der Hauptversammlung die Aktien zu kaufen, dann das Geld einzustreichen und anschließend die Aktien wieder zu verkaufen.

Die Aktie wird mit der Auszahlung von 0,50 EUR auch im Aktienkurs um einen halben Euro fallen. Denn das Geld ist nicht mehr im Unternehmen, das Unternehmen ist durch die ausgeschüttete Dividende weniger wert. Was Sie an Dividende bekommen haben, wurde Ihnen im Aktienwert wieder genommen. Ein Nullsummenspiel, mit dem Sie aber Geld gesichert haben, das Ihnen gehört, selbst wenn die Aktiengesellschaft übermorgen überraschend bankrott und der Aktienkurs am Boden ist.

Das Unternehmen wird in der Regel jedoch weiter Gewinne machen, mal mehr und mal weniger. Das wiederum kommt dem Börsenkurs zugute, sodass der Dividendenabschlag im Kurs schnell wieder reingeholt wird. Wird dieses Spiel jedes Jahr wiederholt, werden Sie irgendwann mehr Dividendenzahlungen bekommen haben, als Sie ursprünglich mal für die Aktien gezahlt haben. Sie haben also die Möglichkeit, langfristig mit Aktien Geld zu verdienen, ohne von deren Kursentwicklung abhängig zu sein oder zu leiden, wenn ein Unternehmen nach 30 Jahren bankrottgeht. Es klingt zwar nicht sehr spannend, 20 Jahre zu warten, doch Unternehmen versuchen, ihre Gewinne und damit Dividenden stetig zu steigern. Das kann in der Praxis so aussehen:

Beispiel: Die Allianz AG hat im Jahr 2010 4,10 EUR Dividende ausgezahlt. Sie hat versucht, diese kontinuierlich zu steigern, im Jahr 2020 lag sie bei 9,60 EUR.

Der Kurs lag im Jahr 2010 ungefähr bei 78,80 EUR. Nach zehn Jahren hätten Sie 71,25 EUR über Dividendenzahlungen zurückbekommen. Erfreulicherweise stand die Aktie dazu noch bei 157,89 EUR.

Ich kann ehrlich sein, ich muss Ihnen nichts verkaufen. Hätte ich die Rechnung im Jahr 2000 angefangen, hätte sich die Dividende zwar auch kontinuierlich gesteigert (sie lag damals bei 1,25 EUR), doch der Kurs der Aktie war aufgrund des damaligen Börsenhypes so hoch (an die 400 EUR), dass Sie im Jahr 2020 noch nicht mal mit Dividendenzahlungen und der Kurssteigerung der Aktie zusammen im Plus wären. Mit der aktuellen Dividendenhöhe müssten Sie hier eher 30 Jahre warten. Das ist die Konsequenz des zu teuren Kaufs.

## Die Auswahl von Aktien – Aktienkennzahlen

Wenn Sie ausschließlich ETFs oder Zielfonds kaufen, müssen Sie sich keine Gedanken darüber machen, ob eine Aktie gut oder schlecht ist. Das nimmt Ihnen beim Zielfonds der Fondsmanager ab. Der ETF bzw. der Index, welchen er abbildet, bestimmt seine Aktien nach festgelegten Regeln.

Wenn Sie selbst einzelne Aktien kaufen möchten, kann ich eins vorwegnehmen: Es gibt weder einen Indikator noch ein Kennzeichen, das garantiert, dass die Aktie zukünftig steigen wird. Es gibt jedoch Indikatoren und Kennzahlen, die Ihnen einen Überblick geben, in welchem Zustand sich eine Aktiengesellschaft befindet. Hat sie beispielsweise ihren Gewinn oder ihre Dividenden in den letzten Jahren gesteigert, oder wie steht ihr Gewinn in Relation zum Aktiengewinn? Befindet sie sich gerade in einem Aufwärtstrend, oder ist ein ehemaliger Aufwärtstrend kürzlich gestoppt worden?

Es gibt Aktienkennzahlen und Charts, die Ihnen einen Überblick geben können, wie riskant der Einstieg ist, auch wenn das keine gesicherte Prognose für die Zukunft darstellt.

Die wichtigsten Kennzahlen und Indikatoren sollen hier vorgestellt werden.

**KGV**

Das KGV steht für Kurs-Gewinn-Verhältnis (englisch: price-to-earnings (P/E) ratio). Es ist die am meisten genutzte und bekannteste Kennzahl bei der Fundamentalanalyse von Aktien. Die Formel, um das KGV zu berechnen, ist einfach. Man muss dafür kein Mathematiker oder Wirtschaftsprüfer sein.

Zunächst müssen wir den Gewinn pro Aktie berechnen. Dafür brauchen wir den Jahresgewinn und die Anzahl der ausstehenden Aktien eines Unternehmens, das wir analysieren wollen. Sagen wir beispielhaft, dass der Jahresgewinn 10 Mio. EUR beträgt und die Anzahl ausstehender Aktien 1 Mio. Stück sind:

Jahresgewinn / Anzahl der ausstehenden Aktien = Gewinn pro Aktie

In unserem Beispiel: 10 Mio. EUR ÷ 1 Mio. = 10 EUR

Sagt uns der Gewinn pro Aktie etwas? Erst mal nicht! Die Anzahl der ausstehenden Aktien kann von der Aktiengesellschaft gesteuert werden. Wenn das Unternehmen einen Aktiensplit vornimmt und dadurch die Anzahl der ausstehenden Aktien verdoppelt, dann halbiert sich der Gewinn pro Aktie – ohne dass sich am Unternehmen fundamental etwas geändert hat.

Daher benötigen wir den aktuellen Aktienkurs. Dieser hilft uns bei der Aktienanalyse zunächst ebenfalls nicht weiter, da auch er sich an der Anzahl der ausstehenden Aktien orientiert. Verdoppelt das Unternehmen die Anzahl der ausstehenden Aktien, dann halbiert sich der Kurs, sofern alles Weitere gleich bleibt.

Die Marktkapitalisierung, auch wenn wir sie zur Berechnung des KGV nicht benötigen, ist hier aussagekräftiger. Diese ändert sich nämlich nicht, wenn die Anzahl der Aktien des Unternehmens sinkt oder steigt. Sie drückt den Wert der Aktiengesellschaft zu einem bestimmten Zeitpunkt aus und wird auch Börsenwert genannt:

Aktienkurs x Anzahl der ausstehenden Aktien = Marktkapitalisierung

Bleiben wir bei unserem Beispielunternehmen:

Wir haben 1 Mio. ausstehende Aktien. Sagen wir, der Aktienkurs steht heute bei 50 EUR:

1 Mio. x 50 EUR = 50 Mio. EUR

Nun aber zur Berechnung des KGV, diese ergibt sich aus dem Quotienten von Aktienkurs und Gewinn pro Aktie:

Aktienkurs ÷ Gewinn pro Aktie = Kurs-Gewinn-Verhältnis

In unserem Beispiel: 50 EUR ÷ 10 EUR = 5

Das KGV ist auch deshalb aussagekräftig, weil es nicht durch Veränderungen der Anzahl ausstehender Aktien verändert wird. Verdoppelt sich die Aktienanzahl eines Unternehmens, halbiert sich gleichzeitig der Aktienkurs und der Gewinn pro Aktie. In unserem Beispiel bleibt das KGV bei 5.

Doch was sagt uns nun das KGV von 5?

Angenommen, der Gewinn der Aktiengesellschaft bleibt konstant bei 10 Mio. EUR pro Jahr und wird jedes Jahr vollständig an die Aktionäre ausgeschüttet (siehe nächstes Unterkapitel: Dividende). Es dauert dann fünf Jahre, bis wir unser Investment durch die Gewinnausschüttungen des Unternehmens vollständig finanziert haben. Das KGV sagt also aus, wie viele Jahre – bei gleichbleibendem Unternehmensgewinn – wir benötigen, bis wir Break-even sind, also die Gewinnschwelle bei unserem Investment erreichen.

Dass der Gewinn einer Aktiengesellschaft über viele Jahre lang gleich bleibt, ist in der Praxis nicht realistisch. Daher beeinflusst nicht nur die Höhe des derzeitigen Unternehmensgewinns das KGV, sondern auch die Hoffnungen und Spekulationen der Investoren. Gehen die Investoren davon aus, dass der Unternehmensgewinn über die nächsten Jahre sinkt, dann gibt es mehr Verkäufer als Käufer. Das hat zur Folge, dass der Aktienkurs sinkt – und damit auch das KGV des Unternehmens fällt.

So funktioniert es aber auch in die andere Richtung. Gehen die Investoren davon aus, dass sich der Unternehmensgewinn in den nächsten Jahren erhöht, dann gibt es mehr Käufer als Verkäufer und der Aktienkurs steigt. Folglich steigt auch das KGV des Unternehmens.

Ein besonders hohes KGV kann Indiz dafür sein, dass das Unternehmen überbewertet ist. Auf dem Höhepunkt der Dotcom-Blase, Ende der 1990er-Jahre, hatten die Technologiewerte im S&P 500 ein durchschnittliches KGV von 62,3. Die Investoren spekulierten damals, dass die Unternehmensgewinne der populären Internetfirmen immer weiter steigen, und akzeptierten daher ein besonders hohes KGV. Wer will aber schon über 60

Jahre darauf warten, dass sich die Investition amortisiert hat? Mit einem hohen KGV geht auch ein hohes Risiko einher. Was, wenn die Unternehmensgewinne nicht wachsen wie erhofft? Was, wenn die Gewinne zwar wachsen, aber nicht in dem erhofften Tempo? Dann kommt es zu einer Kurskorrektur oder einem Crash, so wie es Anfang der 2000er-Jahre geschah.

Doch wie kann man nun einschätzen, welches KGV als teuer gilt und bei welchem KGV die Aktie ein Schnäppchen ist? In der Theorie benötigen wir die durchschnittliche Eigenkapitalrendite (englisch: Return on Equity (ROE)). Also die Rendite, die für eine Investition in ein Unternehmen zu erwarten ist. Sagen wir, diese Rendite liegt bei 5 %. Dann dauert es etwa 14 bis 15 Jahre, bis ich mit meinem Investment in der Gewinnzone liege. Der Wert 14,5 wäre dann ein ausgeglichenes KGV.

Doch ist beim Einsatz des KGV stets Vorsicht geboten. In risikoreicheren Branchen mit hohem Wachstum sind die KGVs der Unternehmen meist höher, da eine größere Eigenkapitalrendite gefordert wird und Investoren von einem Wachstum der Unternehmensgewinne ausgehen. Bei defensiveren Unternehmen und konservativen Branchen ist das durchschnittliche KGV hingegen meist niedriger. Beim DAX-Index liegen die durchschnittlichen KGVs, je nach Marktlage, zwischen 15 und 20.

Zusammenfassend lässt sich sagen, dass man das KGV als Risikokennziffer sehen kann. Je höher das KGV eines Unternehmens ist, desto höher sind die Erwartungen der Investoren hinsichtlich steigender Unternehmensgewinne. Gleichzeitig kann man bei einem hohen KGV auch leichter enttäuscht werden, falls der Gewinn nicht wie erhofft wächst. Darüber hinaus sollte man beim KGV die Eigenheiten der Branche eines Unternehmens kennen, denn manche Branchen haben ein höheres durchschnittliches KGV als andere Branchen.

Übrigens haben auch Indizes ein KGV. Hierbei wird das durchschnittliche KGV aller Unternehmen im jeweiligen Index herangezogen.

**Dividende**

Stellen Sie sich vor, Sie sind Investor, also Miteigentümer, eines Unternehmens. Wenn das Unternehmen einen Gewinn macht, stellt sich die Frage, was damit passieren soll. Hier gibt es drei Möglichkeiten:

Entweder das Unternehmen reinvestiert den Gewinn in der Hoffnung, in Zukunft einen noch höheren Gewinn zu erwirtschaften. Das bietet sich an, wenn das Unternehmen Gelegenheiten zum Wachstum ausgemacht hat und diese nutzen will.

Oder das Unternehmen kann den Gewinn auch dazu verwenden, eigene Aktien zurückzukaufen. Dies kommt den Investoren indirekt zugute, da der Aktienkurs steigt, wenn weniger Aktien im Umlauf sind. Kauft ein Unternehmen 50 % der eigenen ausstehenden Aktien zurück, dann verdoppelt sich der Aktienkurs.

Die dritte Variante, wie eine Aktiengesellschaft den erwirtschafteten Gewinn verwenden kann, ist die Ausschüttung in Form einer Dividende. Und genau das ist eine Dividende – eine Gewinnausschüttung an die Investoren des jeweiligen Unternehmens.

Üblicherweise werden Dividenden nach einer Hauptversammlung gezahlt. Ob, wann und in welchem Intervall Dividenden gezahlt werden, bleibt aber den Unternehmen überlassen. Manche Unternehmen zahlen regelmäßig Dividenden, beispielsweise einmal im Jahr oder sogar viermal im Jahr (dann nennt man es Quartalsdividende). Eine einmalige Ausschüttung nennt man Sonderdividende. Diese kann vorkommen, wenn das Unternehmen einen außergewöhnlich hohen Gewinn erwirtschaftet hat. Beispielsweise durch den Verkauf eines Tochterunternehmens oder eine überraschend gute Geschäftsentwicklung im vorangegangenen Jahr.

Je mehr Aktien eines Unternehmens man als Investor besitzt, desto höher fällt die eigene Dividendenzahlung aus. Sagen wir, eine Aktiengesellschaft hat im letzten Jahr 1 Mio. EUR erwirtschaftet und will den gesamten Gewinn als Dividende ausschütten. Also will das Unternehmen keine Reinvestitionen vornehmen und auch keine eigenen Aktien mit dem Gewinn zurückkaufen. Wenn ich als Investor nun 1 % der ausstehenden Aktien besitze, dann stehen mir 10.000 EUR, also 1 % des Gewinns, als Dividende zu. Der Rest des Gewinns wird an meine Mitaktionäre verteilt.

Meistens sind es die alteingesessenen Unternehmen in konservativeren Branchen, die regelmäßig Dividenden ausschütten. Unternehmen, die nicht auf Wachstum setzen und ihren Gewinn daher nicht reinvestieren. Wenn das Management der Meinung ist, dass es durch das Reinvestieren des eigenen Gewinns keine nennenswerte Rendite erwirtschaften kann, dann ist es nur konsequent, den Gewinn an die Aktionäre auszuschütten.

Manche Investoren setzen gezielt auf Dividendenunternehmen, um von regelmäßigen Auszahlungen zu profitieren. Im Laufe der Jahre kann dadurch sogar das eigene Investment in die Aktie ausgeglichen werden.

Dann kann der Investor mit der Aktie keinen Verlust mehr erleiden, auch wenn das Unternehmen insolvent gehen sollte. Andere Investoren hingegen wollen keine Dividende bekommen, sondern lieber Aktien eines Unternehmens halten, das den Jahresgewinn reinvestiert oder die eigenen Aktien zurückkauft. Denn auf Dividendenausschüttungen werden in den meisten Ländern Steuern fällig.

Doch Achtung! Wenn eine Dividende gezahlt wird, fließt Geld aus dem Unternehmen ab, es ist also nach der Zahlung weniger wert. Einen Kursrückgang infolge einer Dividendenzahlung nennt man Dividendenabschlag. Als Beispiel nehmen wir eine Aktie, die heute zum Kurs von 100 EUR gehandelt wird. Wenn nun eine Dividende von 5 EUR pro Aktie gezahlt wird, dann fällt der Kurs auf 95 EUR. Der Investor erhält also 5 EUR als Dividende, gleichzeitig ist aber seine Aktie um 5 EUR weniger wert. Ein Nullsummenspiel, wobei der Investor seine Dividende unter Umständen noch versteuern muss.

Wachstumsunternehmen hingegen zahlen meistens keine Dividende aus oder nur eine sehr niedrige Dividende. Das liegt daran, dass sie der Annahme sind, mehr Wert dadurch zu schaffen, dass sie ihren Gewinn reinvestieren. Im Endeffekt geht es für alle Unternehmen darum, den Shareholder Value, also den Wert, den sie für die Aktionäre schaffen, zu maximieren. Ist ein Unternehmen der Meinung, durch das Reinvestieren des Gewinns Wachstum und einen deutlich höheren Unternehmenswert schaffen zu können, dann ergibt es Sinn, keine Dividende auszuschütten.

Neben Wachstumsunternehmen schütten auch Unternehmen, die keinen Gewinn erzielt haben, meistens keine Dividende aus. Es kann auch eine Dividende ausgeschüttet werden, wenn das Unternehmen einen Verlust gemacht hat. Dann wird sie aus dem Vermögen des Unternehmens bezahlt. Für gewöhnlich wird eine Dividende aber nur ausgeschüttet, wenn auch ein jeweiliger Jahresgewinn dahintersteht.

Aktienrückkäufe hingegen sind sinnvoll, wenn ein Unternehmen der Meinung ist, dass die eigenen Aktien stark unterbewertet sind, das Management des Unternehmens also davon ausgeht, dass die Investoren das Unternehmen unterschätzen und der Aktienkurs zu niedrig ist. In diesem Fall kauft das Unternehmen lieber die eigenen Aktien zum Schnäppchenpreis zurück, als eine Dividende auszuschütten.

Nicht nur Investoren in Einzelaktien können von Dividendenzahlungen profitieren, sondern auch Investoren, die ihr Geld in Fonds (Zielfonds oder

ETFs) anlegen. Es gibt nämlich zwei Arten von Fonds. Bei thesaurierenden Fonds erfolgt keine Auszahlung von Dividenden an die Investoren. Stattdessen werden die Gewinne automatisch wieder in dieselben Fondsanteile investiert, also thesauriert. Bei ausschüttenden Fonds hingegen erfolgt regelmäßig eine Auszahlung der Dividenden, die von den Unternehmen im Fonds erwirtschaftet werden.

**Dividendenrendite**

Die Dividendenrendite gibt an, wie viel Gewinn Sie im Verhältnis zu dem Preis, den Sie für die Aktie bezahlt haben, bekommen. Wenn Sie eine Aktie für 100 EUR kaufen und das Unternehmen zahlt Ihnen jedes Jahr 5 EUR an Dividende, dann beträgt Ihre Dividendenrendite 5 %:

Dividende pro Jahr ÷ Aktienkurs × 100 = Dividendenrendite

Also in unserem Beispiel:

5 EUR ÷ 100 EUR × 100 = 5 %

Da Aktienkurse schwanken und auch die Höhe der Dividendenausschüttung eines Unternehmens nicht in Stein gemeißelt ist, ändert sich die Dividendenrendite permanent. Doch was sagt uns Investoren die Dividendenrendite eigentlich? Und gilt hier: höher = besser?

Auf den ersten Blick erscheint eine hohe Dividendenrendite immer verlockend. Je höher diese Kennzahl ist, desto eher kommen Sie mit Ihrem Investment in die Gewinnzone – rein durch Gewinnausschüttungen und ohne die Kursschwankungen miteinzubeziehen. Eine hohe Dividendenrendite kann ein Zeichen dafür sein, dass ein Unternehmen gut wirtschaftet und bereit ist, Gewinne mit den Aktionären zu teilen, also aktionärsfreundlich handelt. Das klingt erst mal nach dem perfekten Unternehmen für uns Investoren, oder?

Man sollte aber genauer hinsehen, gerade bei besonders hohen Dividendenrenditen. Wie nachhaltig ist die Dividende? Ist das Unternehmen in einer riskanten Branche tätig und hatte kürzlich ein besonders gutes Geschäftsjahr? Nehmen wir beispielsweise ein zyklisches Rohstoffunternehmen, das nicht nur von der eigenen Geschäftsentwicklung abhängig ist, sondern auch von der Preisentwicklung am Rohstoffmarkt. Bei einem solchen Unternehmen kann es zu extremen Schwankungen der Dividendenrendite kommen. Stellen Sie sich nur einmal vor, der Ölpreis halbiert sich innerhalb eines Jahres (das ist durchaus schon vorgekommen). Ein Ölunternehmen mit durchschnittlicher Gewinnmarge wird seine hohe Dividende aller Voraussicht nach nicht beibehalten können.

Vorsicht ist auch geboten, wenn die Aktie eines Unternehmens kürzlich stark gefallen ist, die Dividende aber noch nicht gesenkt wurde. Dann wirkt die Rendite erst einmal künstlich hoch. Lange kann das kein Unternehmen durchhalten, irgendwann fällt die Dividende schlagartig weg. Im Fall einer Dividendenkürzung oder eines kompletten Wegfalls der Dividende kann es zu hohen Kursverlusten kommen, und der Investor steht mit leeren Händen da. Denn eine Dividendenrendite nützt nichts, wenn sie nicht gedeckt ist. Man muss sich also neben der Dividendenrendite auch immer ansehen, wie es generell um die Gesundheit des Unternehmens steht.

Andererseits gibt es Unternehmen, die seit Jahrzehnten regelmäßig eine Dividende zahlen und diese kontinuierlich erhöhen. Das sind meist defensive Unternehmen aus konservativeren Branchen, in denen sich wenig verändert, also das Gegenteil einer heißen Tech-Aktie oder eines zyklischen Rohstoffunternehmens. Als Beispiel sei hier der US-amerikanische Industriekonzern Archer Daniels Midland genannt. Das Unternehmen zahlt seit über 90 Jahren ununterbrochen eine Dividende an die Investoren aus. Man könnte sagen, dass ein Unternehmen mit solch langer Dividendenhistorie zu den wahren „Dividenden-Aristokraten" gehört. Es ist auch ein Zeichen dafür, dass sich die Aktiengesellschaft in ihrer Branche fest etabliert hat, aber wenig Wachstumspotenzial besitzt.

Darauf aufbauend, ist es interessant, sich die Ausschüttungsquote eines Unternehmens anzusehen. Damit sehen wir, wie viel vom Gewinn als Dividende ausgeschüttet wird:

Dividende ÷ Gewinn pro Aktie × 100 = Ausschüttungsquote

Bei defensiven Unternehmen, die keine Gelegenheit für Wachstum sehen, ist die Ausschüttungsquote meist hoch und beträgt bis zu 100 %. Unternehmen in Wachstumsbranchen hingegen behalten meist einen Teil ihres Gewinns für zukünftige Investitionen.

Neben Einzelaktien haben auch ETFs eine Dividendenrendite. Wenn sie ausschüttend, nicht thesaurierend sind, dann kommen die Gewinnausschüttungen den Investoren regelmäßig zugute. Die Dividendenrendite berechnet sich bei ETFs aus der durchschnittlichen Dividende der enthaltenen Werte. Bei solchen ETFs ist das wirtschaftliche Risiko geringer als beim Investieren in einzelne Aktien. Wer eine Dividendenstrategie verfolgen möchte, sollte sich also auch damit beschäftigen.

Ist die Dividendenrendite denn nun für alle Investoren eine wichtige Kennzahl? Das kommt darauf an, welche Strategie man verfolgt. Für Investoren, die gezielt auf Dividendenunternehmen setzen, ist die Kennzahl durchaus wichtig. Wenn Sie also bereits zu den „Dividendenjägern" gehören oder sich einfach für ein Investment in Unternehmen mit regelmäßigen Gewinnausschüttungen interessieren, dann schauen Sie sich die Dividendenrendite genau an.

Wenn Sie allerdings lieber Wachstumsunternehmen als Investment in Erwägung ziehen, dann ist diese Kennzahl weniger wichtig für Sie. Wie wir bereits gesehen haben, reinvestieren Wachstumsunternehmen ihren Gewinn meist in ihr Geschäftsmodell, statt ihn an die Aktionäre auszuschütten. Wachstumsinvestoren setzen also eher auf Kursgewinne, die sich erst beim Verkauf der Aktie auszahlen.

**Eigenkapitalquote**

Zuerst werfen wir einen Blick darauf, was genau Eigenkapital und der Gegenbegriff, Fremdkapital, eigentlich sind.

Als Eigenkapital werden alle finanziellen Mittel bezeichnet, die sich aus dem eigenen Kapitalanteil des Eigentümers eines Unternehmens zusammensetzen. Es ist also das Kapital, das uns Investoren des Unternehmens gehört. Es ergibt sich aus der Differenz des Vermögens und der Schulden eines Unternehmens. Das Fremdkapital hingegen umfasst die Schulden eines Unternehmens. Wenn ein Unternehmen also ein Darlehen aufnimmt, dann wird dies zum Fremdkapital hinzugezählt.

Die Eigenkapitalquote zeigt, wie finanziell stabil ein Unternehmen aufgestellt ist. Sie beantwortet die Frage, wie viel vom Unternehmen wirklich den Eigentümern, also uns Investoren, gehört:

Eigenkapital ÷ Gesamtkapital × 100 = Eigenkapitalquote

Nehmen wir als Beispiel ein Unternehmen, das 1 Mio. EUR Eigenkapital und 2 Mio. EUR Fremdkapital (also Schulden, aufgenommene Darlehen) hat. Das Gesamtkapital beträgt dann 3 Mio. EUR (Eigenkapital + Fremdkapital). Die Eigenkapitalquote ist folglich:

1 Mio. EUR ÷ 3 Mio. EUR × 100 = 33 %

Das heißt, dass uns Investoren ein Drittel des Unternehmens gehört, während die anderen zwei Drittel Schulden sind. Doch ist es für uns überhaupt wichtig, bei der Unternehmensanalyse auf die Eigenkapitalquote zu achten?

Ja, definitiv. Die Eigenkapitalquote ist eine Art Sicherheitsindikator. Sie zeigt uns an, wie krisenfest ein Unternehmen ist. Denn je höher der Eigenkapitalanteil ist, desto besser kann ein Unternehmen durch schlechte Zeiten kommen, ohne Probleme mit Gläubigern (Fremdkapital) zu bekommen. Unternehmen mit wenig Eigenkapital müssen sich bei Problemen oft neues Geld von Banken leihen (Fremdkapital). Und eine Abhängigkeit von Banken oder anderen Fremdkapitalgebern kann schnell teuer und riskant werden.

Banken und Analysten lieben solide Bilanzen. Eine hohe Eigenkapitalquote zeugt von Vertrauen und ist wie ein „Gesundheitscheck" des Unternehmens. Auch wir Investoren sollten darauf achten, dass ein Unternehmen ein gewisses Eigenkapitalpolster hat. Doch was ist hier eigentlich ein guter Wert, und ab wann wird es kritisch?

Jede Branche tickt etwas anders, aber generell lässt sich sagen, dass eine Quote von über 30 % solide ist. Sie gibt einem Unternehmen genug Puffer für wirtschaftlich schwierigere Phasen. Ab 50 % Eigenkapital gelten Unternehmen als sehr stabil. Eine solch hohe Quote bedeutet, dass ein Unternehmen kaum auf Fremdkapitalgeber angewiesen ist und eine nachhaltige Geldpolitik fährt. Bei einer Quote von 100 % besteht gar kein Fremdkapitalanteil. Solch ein Unternehmen ließe wohl auch ängstliche Investoren ruhig schlafen.

Bei einer Eigenkapitalquote von unter 30 % sollte sich das Unternehmen vorerst auf den Schuldenabbau konzentrieren. Auch, da eine niedrige Quote oft mit einer schlechten Kreditwürdigkeit einhergeht und zukünftige Kreditaufnahmen erschwert. Das führt in Krisenzeiten schnell zu einer hohen Zinslast, Abhängigkeit von Gläubigern und Liquiditätsengpässen. Ein Unternehmen mit geringer Eigenkapitalquote ist also für gewöhnlich weniger krisenresistent.

**200-Tage-Linie**

Die 200-Tage-Linie ist ein Begriff aus der Chartanalyse, also der Betrachtung von Kursverläufen in Diagrammen. Sie zeigt den durchschnittlichen Kurs einer Aktie oder eines Fonds über die letzten 200 Handelstage. Wenn man die durchschnittlichen Kurse einer Aktie der letzten 200 Tage nimmt und diese in einem Diagramm verbindet, dann ergibt das die 200-Tage-Linie. Doch warum sollten wir als Investoren darauf achten?

Viele Investoren betrachten diese Linie als eine Art Wetterbericht für die Börse, denn sie zeigt den langfristigen Trend an. Liegt der aktuelle Kurs einer Aktie über der 200-Tage-Linie, dann gilt das als positives Signal. Denn es spricht dafür, dass sich die Aktie in einem Aufwärtstrend befindet. Daher verstehen dies einige Investoren als Kaufsignal ihrer Aktie oder ihres Fonds.

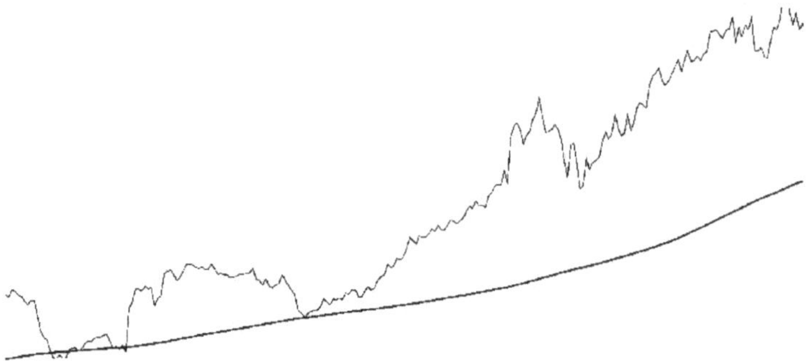

*Abbildung 1: Aufwärtstrend 200-Tage-Linie unten (Quelle: TradingView)*

Liegt der aktuelle Kurs einer Aktie hingegen unter der 200-Tage-Linie, wird das oft als Warnsignal gesehen, da es ein Hinweis auf einen Abwärtstrend sein kann. Einige Investoren verstehen das als Verkaufssignal. Doch warum nimmt man genau 200 Handelstage zur Berechnung der Linie?

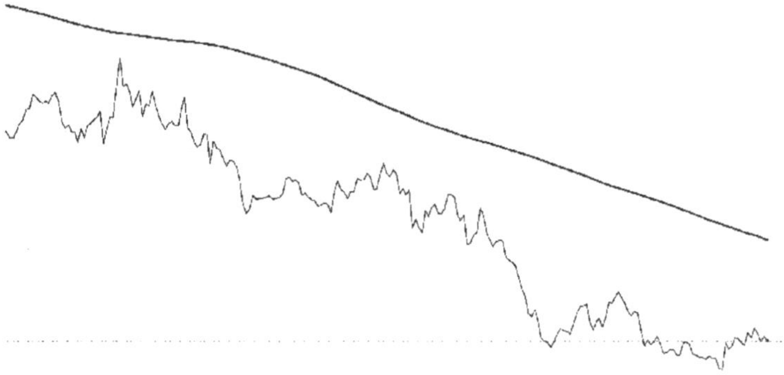

*Abbildung 2: Abwärtstrend, 200 Tage Linie oben (Quelle TadingView)*

200 Handelstage entsprechen etwa einem Börsenjahr. Denn Wochenenden und Feiertage, an denen die Börse geschlossen ist, werden hierbei herausgerechnet. Dadurch dass sich die Linie auf die Börsenkurse eines ganzen

Jahres bezieht, glättet sie kurzfristige Schwankungen und zeigt, was langfristig passiert.

Aber Achtung, die 200-Tage-Linie ist lediglich ein Hilfsmittel, das Investoren nutzen, um ihre Aktie besser einzuschätzen. Es besteht keine Erfolgsgarantie, wenn der Aktienkurs über der 200-Tage-Linie liegt. Es kommt auch immer auf die Fundamentaldaten des jeweiligen Unternehmens an. Sie können die 200-Tage-Linie in Kombination mit dem KGV, der Dividendenrendite und der Eigenkapitalquote analysieren, um sich ein besseres Bild von einer Aktiengesellschaft zu machen.

**Zusammenfassung**

Sie haben jetzt die wichtigsten Aktienkennziffern kennengelernt, mit deren Hilfe Sie eine Aktie analysieren können.

| Kennzahlenbeispiel fiktive Aktie beim Kurs von 20 EUR | | | |
|---|---|---|---|
| | 2024 | 2025 | 2026 |
| Gewinn pro Aktie in EUR | 1,2 | 1,6 | 1,65 |
| KGV | 16,7 | 12,5 | 12,12 |
| Dividende in EUR | 0,5 | 0,62 | 0,63 |
| Dividendenrendite (%) | 2,5 | 3,1 | 3,8 |

*Abbildung 3: fiktive Beispielkennzahlen von einer Aktiengesellschaft*

Die Analyse wird Ihnen keine garantierte Aussage für steigende oder fallende Kurse geben, aber zeigt Ihnen, wie riskant eine Investition sein kann.

Riskant sind beispielsweise eine Investition gegen den Trend (200-Tage-Linie) und der Kauf von Unternehmen mit extrem niedrigen oder hohen KGVs oder Dividendenrenditen. Alle aktuellen Kennzahlen sind öffentlich verfügbar und jedem Profi bekannt. Was niemand kennt, ist die Entwicklung zukünftiger Gewinne. Wenn Sie das richtige Gespür haben, welche Unternehmen ihre Gewinne zukünftig überraschend steigern werden, können Sie die richtige Aktie zum Kauf finden. Finden Sie so eine Aktie nicht, können Sie in den kompletten Markt mit ETFs investieren. Der ETF wird diese Aktie in sich tragen, er hält aber auch die Werte, die sich schlecht entwickeln werden und die Rendite gegenüber der Investition in die Einzelaktie schmälern. Mehr dazu erfahren Sie im Kapitel „Vorbereitung für die Praxis".

Wir verlassen jetzt für einige Kapitel die Aktienwelt und kommen zu den Anleihen.

# *Anleihen*

## Rente, Anleihen, Bonds – so viele Begriffe

Wenn es um Wertpapiere geht, die Zinsen zahlen, stehen viele Begriffe im Raum: Anleihen, Renten, Bonds, festverzinsliche Wertpapiere, Fixed Income (deutsch: festes Einkommen) – und alle bedeuten sie das Gleiche. Es sind Oberbegriffe für Darlehen, die in Form eines Wertpapiers emittiert (fachlich: verbrieft) wurden und einen Zins auszahlen.

Wenn ein Unternehmen oder Staat am Kapitalmarkt und nicht bei einer Bank ein Darlehen aufnehmen will (wir sprechen hier von 250 bis 500 Mio. EUR), bieten Investmentbanken den Schuldnern die Emission einer Anleihe an:

Beispiel: BMW wollte sich zum 11.01.2021 für 500 Mio. EUR Geld für zwölf Jahre am Kapitalmarkt leihen.

Eine Investmentbank wurde beauftragt und diese ermittelte, zu welchem Zins mögliche Investoren bereit wären, Geld zu verleihen. Das heißt, ob die Anleihe zu einem Preis von ca. 100 EUR (nominal) gekauft werden würde. Nach positivem Feedback hat die Bank ein entsprechendes Wertpapier erstellt und nach Werbung und Investorenansprache direkt am 11.01.2021 Gebote von Investoren entgegengenommen. Dabei kam genügend Geld zusammen, denn die Anleihe wurde mit einem jährlichen Zinsversprechen von 0,2 % für die nächsten zwölf Jahre auf den Markt gebracht (emittiert), zusammen mit der Verpflichtung, das investierte Geld zum Ende der Laufzeit an den Anleiheninhaber zurückzuzahlen. Mitte 2023 hätte BMW schon deutlich mehr Zinsen bieten müssen, da der allgemeine Marktzins angestiegen war. Die Ausgabe wäre somit erheblich teurer für den Autobauer geworden (um ca. 3,5 %).

Ich habe jetzt schon einige Details vorweggenommen, ich werde sie Ihnen im Folgenden genauer erläutern.

## Die Sache mit dem Marktzins

Der komplette Finanzmarkt dreht sich um den Zins. Also nicht nur die Anleihen, bei denen es naheliegend ist, auch Immobilien, Aktien und Währungen werden von Zinsen beeinflusst.

Der Zins entlohnt den Gläubiger dafür, dass er für eine bestimmte Zeit auf sein eigenes Kapital verzichtet. Er kann es in der Zeit, in der es verliehen ist, nicht investieren und es somit auch nicht vermehren.

Die Höhe des Zinses ist eine Wissenschaft für sich. Werfen wir mal einen Blick in die Praxis. Wenn Sie Ihr Geld privat auf ein Tagesgeldkonto legen, werden Sie sich vermutlich über das Ausfallrisiko des Tagesgelds keine Gedanken machen, solange es durch eine Einlagensicherung abgedeckt ist. Schließlich ist es für Sie weitestgehend risikolos. Das ist übrigens ein Grund, weshalb sich der Zinssatz bei den deutschen Tagesgeldanbietern kaum unterscheidet. Ist Ihr Geld nicht so sicher, weil Sie es an eine ausländische Bank mit geringer oder gar keiner Sicherung geben, erhalten Sie mehr Zins. Es ist schließlich mit Risiko behaftet, und dieses Risiko werden Sie entlohnt haben wollen. Ihr Tagesgeld können Sie in der Regel innerhalb eines Tages abheben, das macht flexibel. Legen Sie Ihr Geld als Festgeld an, können Sie keine flexiblen Abhebungen durchführen, da Ihr Geld länger gebunden ist. Als Ausgleich für die fehlende Flexibilität dürfen Sie einen höheren Zins verlangen.

Am Markt gibt es so etwas wie den Marktzins, doch dessen genaue Höhe lässt sich höchstens für den Leihzeitraum von einer Nacht bestimmen. Sie haben sicherlich schon einmal vom sogenannten Leitzins gehört. Das ist der Zins, den die Zentralbank, in unserem Fall die Europäische Zentralbank, vorgibt. Für diesen Zins können Banken ihr überschüssiges Geld anlegen, jedoch nur für eine Nacht. Festgelder vergibt die Europäische Zentralbank nicht. Da die Zentralbank als der sicherste Hafen für Geld gilt, wird niemand für weniger Zins als den Leitzins Schulden aufnehmen können – denn dann gibt der potenzielle Gläubiger sein Geld lieber der EZB.

Wenn es um den Marktzins geht, der risikolos über einen längeren Zeitraum gezahlt werden müsste, wird eine exakte Bestimmung unmöglich. Hier agiert der Finanzmarkt (d.h., Banken handeln untereinander). Dabei fließen Spekulationen über Zinsentwicklungen ein, und jeder sieht genau hin, was der andere macht. Am Ende ist die Höhe des Marktzinses das, was der Durchschnitt aller Anleger im Augenblick für eine bestimmte Laufzeit zu zahlen bereit ist (das gleiche Spiel wie bei den Aktienkursen).

## Der Risikoaufschlag

Leihen Sie Ihr Geld einem Unternehmen, birgt das Risiken. Angenommen, Sie erwerben eine Anleihe und der Schuldner gerät vor Laufzeitende in die Insolvenz. Dann haben Sie vielleicht ein paarmal Zinszahlungen erhalten, die große Rückzahlungssumme am Ende der Laufzeit bleibt jedoch aus oder erfolgt nur in geringer Höhe (abhängig von der Insolvenzmasse). Vor dem Bankrott ist kein Unternehmen der Welt sicher, auch nicht Apple, Amazon oder Google. In der Regel reichen dafür ein paar strategische Fehlentscheidungen der Unternehmensführung, und Irren ist menschlich. Deshalb wird auf die Höhe des Anleihenzinses neben dem Marktzins auch ein Kreditrisikoaufschlag (englisch: Credit Spread) mit einkalkuliert. Der Aufschlag orientiert sich am Risiko, das naturgemäß bei einer hoch verschuldeten Fluggesellschaft höher ist als bei einem konservativ agierenden und wenig schuldenbelasteten Energieversorger.

Wenn ich über Risikoaufschläge schreibe, muss ich zwangsläufig auch Ratings von Ratingagenturen behandeln. Es gibt Agenturen, die das Risiko eines Schuldners analysieren und ihm entsprechend eine „Schulnote“, meist in Form von Buchstaben, geben. Die Buchstaben-Schulnoten sind deshalb üblich, weil die größten Agenturen (S&P, Moody’s, Fitch) aus den USA stammen und in den Schulen dort das A für die deutsche Note 1 steht. Entsprechend steht A (am besten gleich drei davon, also AAA) für geringes Risiko, B ist schon gefährlich, C steht für extremes Risiko. Bei einem D hat der Pleitegeier bereits zugeschlagen.

Ich selbst bevorzuge die Ratings bei Investitionsentscheidungen nicht, da Ratingagenturen vom Schuldner für ihre Analysen bezahlt werden und die Geschwindigkeit, mit der sich Ratingeinschätzungen aktualisieren, viel zu langsam ist. Besser sind Credit Spreads, sie drücken eine unabhängige Risikoeinschätzung (nämlich die des Marktes) aus und aktualisieren sich sekündlich. Leider ist es für Privatanleger deutlich einfacher, die Ratings auf einschlägigen Finanzseiten zu finden als die Spreads. Und auch Fondsmanager müssen oft auf Ratings schauen, weil ihre Geldgeber ihnen möglicherweise Restriktionen vorgegeben haben, wie „Kaufe keine Anleihen mit schlechterem Rating als BBB". Das liegt auch daran, dass sich Ratingregeln deutlich einfacher vertraglich festlegen lassen als Credit-Spread-Regeln.

## Der Anleihenkurs

Wenn Sie den Kurs einer Anleihe sehen und dort 99,87 steht, heißt das nicht, dass Sie 99,87 EUR für eine Anleihe bezahlen. Anleihen kauft man nicht in Stücken, sondern in Nominalwerten. Sie kaufen also 10.000 EUR nominal zum Kurs von 99,87 und müssen dafür effektiv 9.987 EUR bezahlen (10.000 × 0,9987). Würde die Anleihe bei 115 stehen, müssten Sie für 10.000 nominal effektiv 11.500 EUR bezahlen (10.000 × 1,15). Übrigens erhalten Sie zum Ende der Laufzeit die Anleihe zum Kurs von 100 zurück, also bekommen Sie für 10.000 nominal auch 10.000 EUR ausgezahlt.

Zusätzlich gibt es noch Zinsen. Deshalb kann es sinnvoll sein, eine Anleihe zu kaufen, die über 100 steht, auch wenn Sie zum Ende der Laufzeit einen Kursverlust haben. Fällt die Anleihe vom Zeitpunkt des Kaufs von 110 auf 100, ist das zwar ein Kursverlust, wenn Sie aber während der Laufzeit mehr als 10 % Zinsen kassiert haben, hat Ihr Investment sich eventuell doch gelohnt.

Bei Anleihen aus den USA wird Ihnen vielleicht auffallen, dass diese Papiere eine andere Art der Preisnotierung haben. Das sehen Sie auch, wenn Sie amerikanische Börsenfilme anschauen und dort auf einem Laufband Aktienkurse mit Bruchstückzahlen vorüberziehen. In den USA werden viele Anleihen hinter dem Komma in Bruchstücken angezeigt. Das heißt, Sie sehen einen Zähler, und der Nenner ist immer 32. Somit notiert eine

Anleihe mit dem amerikanischen Kurs von 100,75 in europäischer Notation bei 102,34, denn 75 geteilt durch 32 ist ungefähr 2,34.

## Besondere Formen von Anleihen

Der Klassiker unter den Anleihen ist die Festzinsanleihe, die einmal pro Jahr einen festen Zins zahlt und am Ende der Laufzeit zum Kurs von 100 vollständig getilgt wird. Der Festzins wird zu festen Zeitpunkten im Jahr gezahlt. Kaufen Sie eine Anleihe kurz vor einem Zinstermin, so müssen Sie demjenigen, dem Sie die Anleihe abkaufen, eine Kompensation zahlen, denn er bekommt die Zinszahlung nicht mehr vom Emittenten gutgeschrieben. Das nennt man Stückzinsen. Wie das funktioniert, beschreibe ich später im Kapitel „Depoteröffnung für absolute Einsteiger" in diesem Buch.

Anleihen können unter Umständen eine Klausel enthalten, die dem Schuldner das Recht gibt, zu bestimmten Zeitpunkten zu kündigen. Das sind die sogenannten Callables. Kündigen heißt, die Anleihe wird dann sofort zu 100 zurückgenommen, und ab dann muss auch kein Zins mehr gezahlt werden. Ärgerlich ist es, wenn Sie eben noch 130 für die Anleihe zahlten und sie am Tag darauf zu 100 getilgt wurde, ohne dass Sie nennenswerte Zinsen bekommen haben. Deshalb gibt es bei Emissionen von Callables häufig Restriktionen, die eine vorzeitige Kündigung frühestens nach einem bestimmten Zeitraum oder zu bestimmten Zeiten ermöglichen.

Pfandbriefe sind ähnlich wie Anleihen, nur dass sie besichert sind, mit Immobilien, Flugzeugen oder Schiffen beispielsweise. Hier haften zwei Dinge: die Bank, die den Pfandbrief ausgegeben hat, und das Pfand an sich (das übrigens durch den Pfandbrief finanziert wurde). Das macht den Pfandbrief so sicher, er bekommt regelmäßig AAA-Ratingnoten und wirft deshalb aber auch kaum Zins ab.

ABS (Asset Backed Security), das böse Ding aus der Finanzmarktkrise 2007/2008, ist ebenfalls ein Pfandbrief, nur ohne Haftung seitens der ausgebenden Bank. Über das Thema an sich ließe sich allein ein Buch schreiben, die Unterart des ABS ist der MBS (Mortgage Backed Security), also auf Deutsch ein mit Immobilienkrediten gesichertes Wertpapier. Dazu gibt es noch Tranchen, das sind Risikoabstufungen im ABS an sich mit unterschiedlichen Zinshöhen. Sind die Immobilienkredite dahinter faul (kurz vor dem Ausfall), wovon keiner weiß, und sämtliche Großbanken halten diese Papiere, kann eine riesige Investmentbank wie Lehman Brothers schon einmal insolvent gehen.

Dann gibt es auch noch Zerobonds, das sind Anleihen ohne Zinskupon. Sie werden beispielsweise zu 90 ausgegeben, laufen fünf Jahre und zahlen zu 100 zurück. Der Gläubiger wird hier nur durch den Kursgewinn entlohnt.

Floater sind Anleihen mit einem variablen Zins, sie sind an einen offiziellen Marktzins gekoppelt. Der Marktzins zusammen mit dem Risikoaufschlag ergibt den Gesamtzins, der Ihnen regelmäßig gezahlt wird. Am Ende der Laufzeit wird die Anleihe zu 100 zurückgezahlt. Übrigens waren im Euroraum die Zinsen jahrelang negativ. Wenn Marktzins und Risikoaufschlag zusammen negativ sind, wird Ihnen zum Glück nichts weggenommen. Der Gesamtzins liegt bei 0.

Es gibt noch viele andere Ausgestaltungen wie Convertibles, Contingent Convertibles oder Contingent Notes, auf die ich hier gar nicht näher eingehen möchte, weil sie für Privatanleger teilweise ohnehin nicht erwerbbar sind. Doch dass Sie vielleicht mal einen Investmentfonds angeboten bekommen, der sich mit solchen Papieren beschäftigt, ist möglich.

## Möglichkeiten für das Investment in Anleihen

### Erwerb von Einzeltiteln

Anleihen sind für institutionelle Anleger die wichtigste Assetklasse. Hier fließt das größte Investitionsvolumen hinein, da man bei überschaubaren Kursrisiken regelmäßige Einnahmen generieren und schnell in der Gewinnzone sein kann. Fast alle diese Geschäfte finden außerhalb einer Börse statt, mit Investmentbanken als Vermittler zwischen Käufer und Verkäufer. Das ist ähnlich wie beim Gebrauchtwagenmarkt.

Als Privatanleger benötigen Sie eine Börse. Wenn Sie in eine Suchmaschine „Anleihenfinder" eingeben, werden Sie im Internet eine Seite finden, über die Sie sich potenzielle Anleihen anschauen und aussuchen können.

Bei der Analyse, was die Anleihe für Sie im Jahr erwirtschaften kann, nutzen Sie am besten die angegebene Rendite. Sie kalkuliert neben dem

Zins auch den Kaufpreis mit ein, denn die Anleihe, die aktuell vielleicht 110 kostet, wird am Ende nur zu 100 zurückgezahlt.

Haben Sie sich für ein Papier entschieden, dann merken Sie sich die Wertpapierkennnummer, mit der Sie die Anleihe über Ihre Bank erwerben.

## Ausfallrisiko

In der Praxis ist das Investieren in Renten für die meisten Privatanleger schwierig, denn pro Anleihe sollten mindestens 5.000 EUR investiert werden. Bei 1.000 EUR würden die Kaufkosten (Gebühren, Spread) unter Umständen höher sein als der Ertrag. In nur eine Anleihe zu investieren, kann sehr riskant sein, insbesondere wenn es eine Unternehmensanleihe ist. Kein Unternehmen ist vor einer Insolvenz sicher. Selbst für Staatsanleihen gibt es keine Garantie, dass sie zum Nominalpreis von 100 zurückgezahlt werden.

Um den Ausfall einer Anleihe verkraften zu können, müssen Sie in sehr viele Anleihen gleichzeitig investieren, damit Sie ein breit gestreutes Investment haben. Dafür werden Sie mindestens 100.000 EUR benötigen, wenn Sie Unternehmensanleihen erwerben möchten.

Sollten Sie eine deutsche Staatsanleihe kaufen, ist das Risiko, nicht zu streuen, überschaubar, aber auch hier werden Sie mindestens 10.000 EUR für eine Anleihe investieren müssen. Ich habe in den letzten Jahren jedoch die Erfahrung gemacht, dass sich ein Festgeld oder Tagesgeld mehr gelohnt hat, da hier keine Ankaufskosten anfallen und es zumindest beim Festgeld keine Renditeschwankungen während der Laufzeit gibt.

Die Alternative für Privatanleger sind klassische Rentenfonds, klassische Anleihen-ETFs und Laufzeiten-ETFs. Hier können Sie, breit gestreut, mit deutlich weniger Kapital in Renten investieren.

## Zinsänderungsrisiko

Betrachten wir eine Anleihe. Sie läuft zehn Jahre lang, zahlt 2 % Zins jährlich und der Kurs steht bei ungefähr 100. Gleichzeitig ist der Festgeldzins für zehn Jahre auch ungefähr bei 2 % jährlich.

Was passiert, wenn die Festgeldzinsen für zehn Jahre auf 4 % steigen?

Die Anleihe zahlt weiterhin 2 %. Damit der Marktzinsanstieg kompensiert wird, muss der Kurs der Anleihe so stark fallen, dass sie in der Kombination Zins und Kursgewinn auch 4 % Rendite für den Käufer erwirtschaftet. Am Laufzeitende wird die Anleihe zu 100 zurückgezahlt (keine Insolvenz vorausgesetzt). Notiert sie bei 80, gibt es einen Kursgewinn von 20 % – auf die Laufzeit gesehen, nicht jährlich.

Haben Sie 10 oder 100 Anleihen mit einer durchschnittlichen Laufzeit von zehn Jahren im Depot, so wird es ein zwischenzeitliches Blutbad für Ihre Performance geben. Im Jahr 2022 stieg das Zinsniveau im Euroraum innerhalb kürzester Zeit um ungefähr 4 %. Das Zinsänderungsrisiko ist somit nicht nur Theorie.

Was an der Stelle tröstet: Zum Ende der Laufzeit erhält man die Performance, die man beim ursprünglichen Kauf erwartet hat, sofern die Emittenten zahlungsfähig sind. Das bedeutet aber auch, wenn die Laufzeiten kurz gewählt sind, beispielsweise drei bis fünf Jahre, ist das Zinsänderungsrisiko überschaubar.

## Klassische Rentenfonds und Anleihen-ETFs

Wenn Sie einen Rentenfonds kaufen, wird ein Fondsmanager einen Korb voller Renten für Sie und andere Anleger zusammenstellen. Er wird dabei versuchen, nur Emittenten zu wählen, die während der Laufzeit nicht von der Insolvenz bedroht sind. Außerdem hat er die Möglichkeit, sich gegen das Zinsänderungsrisiko abzusichern. Wenn die Zinsen sich aber nicht gegen den Anleihenmarkt entwickeln, also steigen, so kostet die Absicherung Geld. Mehr noch, Zinsänderungsrisiko heißt nicht zwingend, dass Zinsänderungen gegen die Fondsperformance laufen. Fallen die Zinsen, wird das dem Fonds eine Extrarendite bescheren, die jedoch verpufft, wenn der Manager sich abgesichert hat.

Jeder Manager und jede volkswirtschaftliche Abteilung versuchen, die Zinsentwicklung vorauszusagen, damit die Entscheidung getroffen werden kann, ob eine Sicherung notwendig ist.

Die Erfolgsquote der Zinsprognose ist genauso gut wie die der Prognose, wo der Aktienmarkt in den nächsten Monaten hingeht. Kurz: Ob eine

Prognose aufgeht, ist vom Zufall abhängig. Wäre es wirklich möglich, die Zinsen gesichert vorauszusagen, würde der Markt das sofort in den Anleihenkursen reflektieren. Das Gleiche gilt für die Prognose, welche Emittenten demnächst insolvent gehen.

Ebenso ist auch die Inflationsprognose sinnlos. Marktteilnehmer können sich gegen alle Risiken (Zinsänderung, Insolvenzen, Inflation, Währungsänderungen) absichern. Alle Absicherungen kosten Geld, sodass unter dem Strich der gleiche Ertrag herauskommt wie beim Tages- oder Festgeld. Da ein Manager aber auch noch bezahlt werden muss, wird dieser versuchen, sich nicht gegen alles abzusichern und einen besseren Ertrag als beim Tagesgeld zu erzielen. Zudem läuft seine Managementgebühr gegen die Performance und muss von ihm zusätzlich erwirtschaftet werden.

Beim klassischen Anleihen-ETF ist es etwas anders. Klassisch heißt, dass der ETF unendlich läuft. Der Korb an Anleihen ist durch einen Index, den er abbildet, klar definiert. Anleihen müssen sich in einem Index, und damit auch im ETF, ständig erneuern. Das liegt daran, dass sie alle ein Laufzeitende haben. Ist das erreicht, muss der Index sie spätestens dann erneuern, es wird aber eher passieren. Kaufen Sie einen Anleihen-ETF, dann wird er eine durchschnittliche Restlaufzeit ausweisen. Liegt diese bei sieben bis zehn Jahren, so muss der Index deutlich vor dem Laufzeitende die Anleihen erneuern.

Je höher die durchschnittliche Laufzeit, desto höher ist das Zinsänderungsrisiko des ETFs. Auch ein Anleihen-ETF kann fallen wie ein Stein, genau wie der Aktienmarkt. 30 % Verlust in wenigen Monaten sind völlig realistisch, wenn die Zinsen unerwartet schnell steigen. Das Ausfallrisiko steigt ebenfalls, wenn die Aktienmärkte fallen, auch wenn es auf den ersten Blick keinen Zusammenhang gibt. Fallen die Aktienmärkte, ist es für Aktiengesellschaften sehr schwer, Kapital durch Kapitalerhöhungen oder neu aufgelegte Anleihen zu akquirieren. In diesen Zeiten sind wenige Käufer da, und in der Finanzmarktkrise 2008 beispielsweise ist der Handel von Anleihen kurzzeitig fast zum Erliegen gekommen. Wenn eine Aktiengesellschaft vom Kapitalmarkt aber dringend Geld benötigt, da sie bereits Anleihen auf dem Markt hat, die vor der Rückzahlung stehen, dann droht die Insolvenz. Dass alte Schulden mit neuen Schulden bezahlt werden, ist normal, auch bei Staaten.

Wer Anleihen-ETFs hält, wird langfristig die Erträge erhalten, die der Anleihenmarkt hergibt. Ähnlich wie bei Aktien. Sie sind nicht als Parkplatz für Liquidität geeignet. Wenn Sie also Geld haben, das Sie kurz- bis mittelfristig benötigen, investieren Sie es nicht in einen Rentenfonds oder in einen klassischen Anleihen-ETF. Das Risiko ist kurz- bis mittelfristig unüberschaubar, selbst wenn der Fonds nur aus relativ sicheren Staatsanleihen besteht.

Eine Alternative kann jedoch ein Laufzeit-ETF sein.

## Laufzeit-ETFs

ETFs mit einem Laufzeitende gibt es noch nicht lange. Da der ETF-Anbieter iShares als Erster mit einem größeren Angebot auf den Markt gekommen ist und seine Laufzeit-ETFs „iBonds" heißen, hat sich der Begriff „iBonds ETFs" als Synonym für Laufzeit-ETFs entwickelt. Auch der Begriff Fälligkeitsanleihen-ETFs ist üblich.

Es handelt sich hier um einen Korb mit vordefinierten Anleihen, beispielsweise Staatsanleihen, Unternehmensanleihen, eine gewisse Ratingqualität oder die Währung. Aber der ETF läuft nicht unendlich, er hat ein festes Laufzeitende. Das macht daraus fast ein Festgeld – nur mit dem Ertrag, den Anleihen in dieser Zeitspanne erwirtschaften können.

Während der Restlaufzeit gibt es auch ein Zinsänderungsrisiko, aber das ist nun deutlich überschaubarer. Wenn Sie eine Anleihe direkt kaufen, die zwei Jahre läuft, wird ein Zinsanstieg am Markt Sie wenig treffen, da zum Laufzeitende die Anleihe zu 100 (nominal) zurückgezahlt wird. Beim Laufzeit-ETF ist es ähnlich, da seine abgebildeten Anleihen auch in naher Zukunft zurückgezahlt werden. Je kürzer die Restlaufzeit, desto geringer das Zinsänderungsrisiko.

Auch das Ausfallrisiko ist geringer, denn dass eine Anleihe von hoher Qualitätseinschätzung in kurzer Zeit sehr stark abfällt, ist sehr selten. Wenn das passiert, ist in der Vergangenheit Betrug im Spiel gewesen, beispielsweise bei Wirecard oder Enron. Der Korb von Anleihen-ETFs, egal ob mit Laufzeitende oder nicht, ist deshalb breit gestreut.

Anders als Festgeld können Sie den Laufzeit-ETF täglich verkaufen. Den Laufzeit-ETF kaufen Sie auch in Stücken, er ist also nicht so kompliziert wie eine Einzelanleihe.

Wollen Sie kurzfristig am Anleihenmarkt investieren und haben nicht mehrere Hunderttausend Euro als Investitionssumme zur Verfügung? Dann haben Sie mit dem Laufzeit-ETF zwar kein risikoloses Investment, aber es ist deutlich besser, als eine einzelne Anleihe zu erwerben.

Laufzeit-ETFs kaufen Sie in Stücken mit einem Stückkurs wie bei einer Aktie und nicht mit einem Nominalwert. Sie müssen auch keine Stückzinsen berücksichtigen, die beim Erwerb einer einzelnen Anleihe möglicherweise aufgeschlagen werden. Mit Laufzeit-ETFs können damit genauso unkompliziert Anleihen gekauft werden, wie Aktien.

## Beurteilung von Anleihen in der Praxis

### Kennzahlen

Die Kennzahlen gelten für einzelne Anleihen und Anleihen-ETFs. Leider sind sie auf vielen Finanzseiten bisher nicht umfangreich dargestellt. Einzelne Anleihen müssen häufig auf spezialisierten Seiten wie der der Börse Stuttgart betrachtet werden. Bei ETFs ist es ratsam, direkt auf die Seite des Emittenten zu gehen. Sehr häufig sind dort die besten Informationen zu finden.

Für klassische Rentenfonds sind die Kennzahlen nicht verwendbar, da es keine feste Regel gibt, welche Anleihen der Fondsmanager kauft und inwieweit er sich gegen Marktrisiken absichert.

### Laufzeit

Die Laufzeit, auch Fälligkeit genannt, einer Anleihe sagt uns, wie lange unser Geld bei einem Investment gebunden ist. Sie gibt uns den Tag an, an dem die Anleihe zurückgezahlt wird, also wann wir unser ursprünglich investiertes Kapital wiederbekommen. Ausnahme: Sie konnten die Anleihe vor der Fälligkeit am Markt verkaufen. Das ist gerade bei Anleihen von kleineren Firmen häufig kaum möglich. Eine Laufzeit von weniger als drei Jahren wird bei Anleihen als kurzfristig betrachtet. Mittelfristige Anleihen haben Laufzeiten zwischen drei und sieben Jahren und langfristig laufende Anleihen oftmals von zehn, 20 oder sogar 30 Jahren. Doch warum genau ist die Laufzeit als Kennzahl wichtig für uns Investoren?

Die Laufzeit beeinflusst fast alles, was eine Anleihe ausmacht. Je länger das Geld gebunden ist, desto unflexibler sind Sie. Bei langfristigen Anleihen mit einer Laufzeit zwischen zehn und 30 Jahren erhalten Sie über die gesamte Laufzeit sichere Zinserträge, sind aber unflexibel bei Veränderungen. Denn je länger die Laufzeit ist, desto stärker schwankt der Kurs einer Anleihe, wenn die Zinsen am Markt steigen oder fallen. Das ist deshalb der Fall, weil Sie bei einer langlaufenden Anleihe noch viele Jahre einen „alten" – vielleicht unattraktiven – Zinssatz (Kupon) bekommen. Auch wenn es plötzlich neue Anleihen mit besseren Zinsen gibt. Der Marktpreis Ihrer Anleihe sinkt entsprechend. Kurzfristig laufende Anleihen reagieren dagegen weniger stark auf Zinsänderungen.

Konkret bedeutet das, wenn die Zinsen steigen: Eine kurzlaufende Anleihe fällt kaum, eine langlaufende Anleihe fällt hingegen stark.

Als Ausgleich für das längere Kapitalbindungs- und Zinsänderungsrisiko bieten Anleihen mit längeren Laufzeiten meist höhere Kupons oder Renditen. Das nennt man „Laufzeitprämie". Die höhere Rendite erhalten Sie als Investor aber nur, wenn Sie die Anleihe bis zum Laufzeitende halten. Ein vorzeitiger Verkauf bedeutet ein Kursrisiko.

Ein weiterer Vorteil von langfristigen Anleihen ist, dass Sie kein Wiederanlagerisiko (Reinvestment Risk) haben. Wenn Sie eine Anleihe mit kürzerer Laufzeit wählen, die Zinsen in der Zwischenzeit fallen und Sie Ihr Geld dann in eine neue Anleihe investieren wollen, dann ist dies nur zu schlechteren Konditionen möglich. Langfristige Anleihen schützen vor diesem Risiko, weil der Kupon über lange Zeit fest ist. Deshalb steigen sie bei sinkenden Zinsen oft besonders stark im Wert. Doch wie entscheiden Sie nun, ob kurz- oder langfristige Anleihen das Richtige sind?

Als Basis für die Entscheidung, ob eher kurz- oder langfristig laufende Anleihen für Sie infrage kommen, müssen Sie Ihre finanziellen Pläne genau kennen. Denn es geht nicht nur darum, aufgrund der Rendite die am längsten laufende Anleihe herauszusuchen.

Wenn Sie eine kurze Laufzeit wählen, dann bekommen Sie Ihr Geld bald zurück. Falls Sie Ihr Geld also innerhalb der nächsten Jahre benötigen, ist dies die richtige Wahl. Vielleicht planen Sie einen Autokauf in zwei Jahren oder wollen bald ein Eigenheim erwerben. Dann ist eine Anleihe mit langer Laufzeit aufgrund des Kapitalbindungs- und Zinsänderungsrisikos sehr riskant.

Brauchen Sie Ihr Geld allerdings für längere Zeit nicht, dann verhält es sich anders. Wenn Sie Ihr Kapital längerfristig aufbauen wollen oder beispielsweise als Rentner von regelmäßigen Zinseinnahmen profitieren möchten, lohnt es sich, nach längerfristigen Anleihen zu schauen und höhere Kupons zu erzielen.

**Währung**

Neben der Laufzeit ist auch die Währung, in der Sie die Anleihe kaufen, von entscheidender Bedeutung. Das liegt am Wechselkursrisiko. Wenn Sie in eine Anleihe in Euro investieren, dann brauchen Sie sich darüber keine Gedanken zu machen. Aber wie ist es, wenn Sie beispielsweise in eine US-Staatsanleihe investieren wollen, die in US-Dollar gehandelt wird?

Sagen wir, Sie investieren 1.000 EUR in eine US-Staatsanleihe. Der Wechselkurs zum Euro ist zu Ihrem Kaufzeitpunkt 1,00 EUR = 1,10 USD. Sie investieren also 1.100 USD. Während der Laufzeit Ihrer Anleihe schwankt der Wechselkurs stark. Was passiert nun, wenn bei Rückzahlung der Anleihe der Euro, verglichen mit dem US-Dollar, deutlich stärker geworden ist?

Nehmen wir an, dass die Anleihe einen Kupon von 5 % pro Jahr und eine Laufzeit von drei Jahren hat. Dann haben Sie am Ende der Laufzeit insgesamt 1.265 USD: Rückzahlung Ihres Investments von 1.100 USD plus 3 jährliche Zinszahlungen von jeweils 55 USD. Dies entspricht zum Wechselkurs bei Kaufzeitpunkt (1,00 EUR = 1,10 USD) 1.150 EUR. Wenn sich der Wechselkurs während der Laufzeit allerdings zu 1,00 EUR = 1,20 USD verändert hat, dann haben Sie am Laufzeitende nur 1.054 EUR. Also weniger Geld, als Sie ursprünglich investierten.

Die Wechselkursschwankungen können Ihnen aber auch zugutekommen. Wenn der Euro während der Laufzeit schwächer wird und sich der Wechselkurs zu 1,00 EUR = 1,00 USD verändert, dann erhalten Sie am Ende der Laufzeit 1.265 EUR zurück. Sie haben Ihre Rendite in Euro also deutlich gesteigert.

Dieses Beispiel zeigt, dass der Wechselkurs Ihre Rendite stark beeinflussen kann. Nach oben wie nach unten. Bei Aktien können wir vom Wachstum des Unternehmens und von steigenden Gewinnen profitieren. Dies gleicht das Währungsrisiko meist aus. Bei Anleihen hingegen ist die Rendite fest. Wenn der Kupon Ihrer Anleihe 3 % pro Jahr beträgt und der Wechselkursverlust 2 % im Jahr ausmacht, dann reduziert das Ihre Rendite deutlich. Oder Sie machen sogar Verlust, wenn die Währungen noch stärker schwanken. Wie können Sie sich also gegen dieses Risiko schützen?

Naheliegend ist, nur in Euro-Anleihen zu investieren. Dadurch verringern Sie zwar die Anzahl Ihrer potenziellen Investments, schließen das Wechselkursrisiko aber definitiv aus. Neben dem ausschließlichen Investieren in Euro-Anleihen können Sie Ihr Risiko auch streuen. Durch das Investment in mehrere Anleihen verschiedener Währungen diversifizieren Sie Ihr Risiko. Wenn Sie ohnehin international investieren wollen, dann ergibt diese Strategie Sinn. Eine weitere Möglichkeit ist es, Währungs-Hedging zu nutzen, also durch Derivate das Wechselkursrisiko aktiv abzusichern. Das ist allerdings komplex und kostet Geld.

Trotz des Wechselkursrisikos können auch Anleihen in Fremdwährungen interessant sein. US-Dollar-Anleihen oder Anleihen aus Schwellenländern bieten oft deutlich höhere Kupons als Anleihen, die in Euro gehandelt werden. Die höhere Rendite kann es rechtfertigen, mehr Risiko einzugehen. Zudem gibt es auch Währungen, die als besonders stabil gelten. Beispielsweise der Schweizer Franken und die norwegische Krone. Möglicherweise sind diese Währungen langfristig sogar stabiler als der Euro. Durch besonders stabile Währungen können Sie sich vor eventuell hoher Inflation im Euroraum schützen.

Die Währung, in der eine Anleihe gehandelt wird, ist also keineswegs nur eine Nebensache. Sie müssen das Wechselkursrisiko bei Anleihen in Fremdwährungen bewusst einkalkulieren und sich Gedanken machen, ob Sie nicht lieber nur in Euro-Anleihen investieren wollen, um dieses Risiko auszuschließen.

### Zinsänderungsrisiko (Duration)

Ein weiterer wichtiger Aspekt, den es bei Investments in Anleihen zu beachten gilt, ist das Zinsänderungsrisiko (bzw. die Duration). Es beschreibt, wie stark sich der Kurs einer Anleihe verändert, wenn sich die Marktzinsen verändern. Die Marktzinsen entstehen durch Vorgaben der Zentralbank und das Zusammenspiel von Geldangebot und Geldnachfrage.

Wenn die Marktzinsen steigen, dann werden bestehende Anleihen weniger attraktiv. Besitzen Sie beispielsweise eine Anleihe mit einem Kupon von 4 % und durch gestiegene Marktzinsen wird plötzlich eine neue Anleihe mit gleichem Risikoprofil mit einem Kupon von 6 % herausgegeben, dann fällt der Kurs Ihrer Anleihe. Wie wir bereits gesehen haben, reagieren langfristig laufende Anleihen stärker auf schwankende Zinsen als kurzfristig laufende Anleihen. Das ist dadurch bedingt, dass langlaufende Anleihen bei steigenden Zinsen noch viele Jahre einen alten, unattraktiven Zinssatz (Kupon) zahlen werden.

Die Duration gibt an, wie empfindlich eine Anleihe auf Änderungen der Marktzinsen reagiert. Je höher die Duration also ist, desto stärker schwankt der Kurs Ihrer Anleihe bei Zinsänderungen. Doch die Schwankungen können nicht nur einseitig negativ für Sie als Investor sein. Sollten die Marktzinsen fallen, dann steigt der Kurs Ihrer Anleihe, da Sie noch den höheren, ursprünglichen Kupon erhalten. Doch welche Faktoren beeinflussen die Höhe der Duration einer Anleihe?

Da langfristig laufende Anleihen stärker auf Zinsschwankungen reagieren, haben sie auch eine höhere Duration als kurzfristig laufende Anleihen. Ebenso wichtig ist der Kupon einer Anleihe. Je höher der Kupon ist, desto niedriger ist die Duration (da Sie bei hohem Kupon schneller Ihr Anfangsinvestment zurückgezahlt bekommen). Die Höhe der Duration hängt also von der Laufzeit und dem Kupon einer Anleihe ab.

Grundsätzlich lässt sich sagen, dass bei einer Anleihe mit einer Duration von 5 der Kurs der Anleihe um 5 % fällt, wenn die Marktzinsen um 1 % ansteigen. Gleichwohl steigt der Kurs der Anleihe um 5 %, wenn die Marktzinsen um 1 % fallen. Die Duration ist also eine wichtige Kennzahl, um das Risiko einer Anleihe einzuschätzen. Denn wenn Sie eine Anleihe vor Fälligkeit verkaufen wollen, dann ist es wichtig einzuschätzen, wie stark der Kurs bei Zinsänderungen schwankt. Die Duration hat einen direkten Einfluss auf die Kursschwankungen unseres Anleihenportfolios.

Wenn Sie mehrere unterschiedliche Anleihen in Ihrem Portfolio haben, dann sollten Sie die durchschnittliche Duration Ihres Portfolios ausrechnen und steuern. Wenn Ihnen die Duration zu hoch ist, dann sollten Sie Anleihen mit niedriger Duration hinzufügen.

### Rating

Wenn Sie im Internet nach Anleihen suchen, dann sind Sie wahrscheinlich schon mal auf das Rating einzelner Anleihen gestoßen. Es bewertet die Bonität des Emittenten der Anleihe. Es gibt also an, wie wahrscheinlich es ist, dass Sie als Investor Ihr Geld (Zinsen und Rückzahlung am Ende der Laufzeit) zurückbekommen. Das Rating wird von großen Ratingagenturen vorgenommen, beispielsweise Standard & Poor's (S&P) und Moody's.

Ratings gehen von AAA, was die höchste Bonität abbildet, bis hin zu D, was für „Default“ oder Zahlungsausfall steht. Grundsätzlich gelten Ratings von BBB oder besser als „Investment Grade“ und dadurch als relativ sicher. Alle Anleihen mit niedrigerem Rating werden als „Non-Investment Grade“ oder „Junk Bonds“ bezeichnet. Jetzt, da wir wissen, was das Rating einer Anleihe ist, schauen wir uns an, warum es konkret für Investoren wichtig ist.

Das Rating hilft Ihnen einzuschätzen, wie sicher Ihr Anleiheninvestment ist. Denn beim Kauf einer Anleihe leihen Sie einem Unternehmen, einer Regierung oder einem anderen Emittenten Geld. Und dieser Emittent muss solvent bleiben, um Ihnen Ihre Zinsen und Ihr Anfangsinvestment zurückzuzahlen. Ein Unternehmen mit Rating BB oder schlechter könnte in Krisenzeiten ernsthafte Schwierigkeiten bekommen und Ihr Geld womöglich nicht zurückzahlen können. Ein Emittent mit Rating AAA hingegen gilt als sehr sicher und hat eine extrem hohe Bonität. Sie können mit einer Anleihe mit AAA-Rating auch in Krisenzeiten ruhig schlafen. Doch wieso sollten Sie sich dann überhaupt Anleihen mit schlechterem Rating ansehen, wenn sie doch ein höheres Risiko haben?

Um das höhere Risiko zu kompensieren, zahlen Emittenten mit schlechterem Rating einen höheren Kupon. Je niedriger das Rating, desto höher also die Rendite. Risikofreudigere Investoren können bewusst Anleihen mit schlechtem Rating, aber hoher Rendite ins Portfolio aufnehmen. Wenn Sie sich für eine solche Strategie interessieren, dann empfehle ich Ihnen jedoch zumindest, breit zu diversifizieren, das Risiko also über mehrere Anleihen und Emittenten zu streuen. Sollte ein Emittent pleitegehen, dann kann das bei einem breit diversifizierten Portfolio womöglich verkraftet werden.

Konservativen Investoren sei empfohlen, sich an „Investment Grade“-Anleihen zu halten, also Anleihen mit einem Rating von BBB oder besser. Doch auch bei „Investment Grade“-Anleihen müssen Sie ständig auf dem Laufenden bleiben, denn Ratings können sich ändern. Wenn sich ein Rating zu verschlechtern droht, dann wird das auch „Downgrade-Risiko“ genannt. Das kann passieren, wenn sich die wirtschaftliche Situation des Emittenten verschlechtert. Ein solches Herabsetzen des Ratings kann den Kurs der Anleihe erheblich senken, da institutionelle Investoren oft nur in „Investment Grade“-Anleihen investieren dürfen und bei einem Rating unter BBB verkaufen müssen.

Beim Thema Rating ist es wichtig zu verstehen, dass Ratings keine Garantie sind, sondern nur eine Einschätzung von Analysten der Ratingagenturen. Sie sollten das Rating einer Anleihe also ernst nehmen, müssen aber auch auf die weiteren Kennzahlen achten.

Es gibt auch Anleihen ohne Rating, denn Emittenten können selbst entscheiden, ob sie ein Rating in Auftrag geben. Besonders bei kleineren Emittenten oder Spezialanleihen fehlt oftmals ein offizielles Rating. Sie sollten aus Risikogründen von diesen Anleihen Abstand zu nehmen. Außer Sie kennen sich genau aus und können die Bonität des Emittenten selbst einschätzen.

**Rendite**

Die Rendite einer Anleihe zeigt Ihnen, welche tatsächliche Verzinsung Sie erwarten können, wenn Sie die Anleihe bis zur Fälligkeit halten. Die Rendite unterscheidet sich daher vom Kupon der Anleihe, da sie beide Zahlungsströme bei einer Anleihe, Zinszahlungen und Rückzahlung, berücksichtigt. Wer eine Anleihe nicht zum Nennwert von 100 %, sondern etwa zu 95 % oder 102 % kauft, erhält zusätzlich zum Zinskupon einen Kursgewinn (bei Kaufkurs 95 %) oder erleidet einen Kursverlust (bei Kaufkurs 102 %). Deshalb ist die Rendite die verlässlichere Kennzahl. Besonders wenn man Anleihen vergleichen möchte.

Man unterscheidet verschiedene Arten von Renditen. Die laufende Rendite zeigt, wie viel Prozent Zins man im Verhältnis zum aktuellen Kurs bekommt. Als Beispiel haben Sie eine Anleihe mit einem Kupon von 3 % und einem Kurs von 95 %, die eine laufende Rendite von etwa 3,16 % bringt.

Bei einem Kurs von 100 % läge die laufende Rendite bei 3 %. Diese Betrachtung ist simpel, berücksichtigt aber nicht, ob die Anleihe bei Fälligkeit über oder unter dem Kaufpreis zurückgezahlt wird. Dabei gibt es bei einem Kaufpreis von 95 % eine zusätzliche Kursrendite, denn Anleihen werden zu 100 % zurückgezahlt.

Vollständiger ist die Effektivverzinsung oder „Yield to Maturity“ (Rendite bis zur Fälligkeit). Sie zeigt, wie hoch die durchschnittliche jährliche Rendite ist, wenn man die Anleihe bis zum Laufzeitende hält, inklusive Zinsen und Rückzahlung. Hier fließt auch mit ein, ob die Anleihe unter 100 % gekauft wurde (was einen zusätzlichen Kursgewinn bei Rückzahlung bedeutet) oder über 100 % (was entsprechend den Ertrag schmälert). Diese Kennzahl wird von Banken und professionellen Investoren eher genutzt, weil sie den tatsächlichen Ertrag realistischer angibt.

Die Rendite ist also nicht nur ein Maß für den Ertrag, sondern auch ein wichtiger Hinweis auf das Verhältnis von Risiko und Chance. Denn häufig gilt: Je höher die Rendite, desto höher das eingepreiste Risiko.

## Tipps und Tricks zum Anleihenhandel

Bevor Sie in Anleihen investieren, sollten Sie sich über den aktuellen Festgeldzinssatz für verschiedene Laufzeiten informieren. Wenn Sie in eine Suchmaschine „Festgeldvergleich" eingeben, werden Sie schnell fündig. Nur so können Sie einschätzen, ob sich der Kauf von Anleihen lohnt, wenn Sie deren Rendite bei den Kennzahlen später betrachten.

Versuchen Sie, eine Anleihe oder einen Laufzeit-ETF bis zum Laufzeitende zu halten. Dann erhalten Sie die Rückzahlung automatisch, ohne dass Verkaufsgebühren anfallen.

Eine Aktienanleihe oder ein Zinspapier, welches von Banken herausgegeben wird, ist keine Anleihe im eigentlichen Sinn. Das sind Zertifikate, mit ihren eigenen spezifischen Risiken.

Eine Anleihe, die an Fenstern von öffentlichen Verkehrsmitteln, in der Zeitung oder am Bäckerladen beworben wird, ist eine Anleihe, die kein Profi kaufen will. Deshalb werden Privatanleger gesucht, die das Risiko nicht so schnell einschätzen können. Es gilt hier, wie für fast alles in der Finanzwelt: Ein gutes Investment hat niemals Werbung nötig.

Damit schließe ich das Kapitel zu den Anleihen und komme zu den Rohstoffen.

# *Rohstoffe*

## Futures

Ich hätte Ihnen gerne erspart, Sie hier über Finanzmarktinstrumente zu informieren, die fast ausschließlich von professionellen Anlegern genutzt werden. Doch wenn Sie indirekt mit Zertifikaten oder sogenannten ETCs (dazu später mehr) in diese Instrumente investieren, weil Sie das eigentliche Investitionsobjekt nicht direkt kaufen können – das ist bei Rohstoffen meistens der Fall –, sollten Sie verstehen, was eigentlich mit Ihrem Geld passiert. Nichts ist ärgerlicher, als wenn man auf das richtige Pferd gesetzt hat und trotzdem nichts gewinnt.

Futures sind ein Finanzinstrument, mit dem in etwas – die Fachwelt nennt es Basiswert oder englisch Underlying – investiert werden kann, ohne es zu besitzen. Kaufe ich Futures, muss ich noch nicht mal etwas bezahlen. Allerdings muss ich jeden Abend die Kursverluste zahlen, wenn der Basiswert fällt. Ich bekomme jedoch auch jeden Abend die Gewinne ausgezahlt, wenn der Basiswert steigt. Produkte, deren Werte oder Auszahlungen von Basiswerten abhängig sind, nennt man Derivate. Neben Futures gibt es in der Derivatewelt auch noch Optionen und Swaps.

Alle Derivate haben eine Gemeinsamkeit – sie haben ein Laufzeitende. Futures werden am Laufzeitende genauso viel wert sein wie ihr zugehöriger Basiswert. Vorher gibt es in der Regel Abweichungen. Es muss irgendwo berücksichtigt werden, dass kein Geld benötigt wird, um den Basiswert direkt zu kaufen. Sonst würde sich jeder das Geld sparen, um beispielsweise eine Aktie zu kaufen, und nur noch Futures erwerben. Je größer der Vorteil, den Basiswert nicht kaufen zu müssen, und je weiter das Laufzeitende noch in der Ferne liegt, desto größer ist der Aufschlag des Futures gegenüber dem Basiswert.

Übrigens kann es auch sein, dass der Future keinen Aufschlag hat, sondern in seinem Kurs billiger ist als der Basiswert.

Beispiel: Sie wollen den Future einer XY-Aktie kaufen, die selbst gerade bei 100 EUR notiert. Wenn der Future noch drei Monate läuft und Sie zum Laufzeitende genau den Basiswert geliefert bekommen, wird der Future dann unter 100 EUR notieren, wenn die Aktie innerhalb der nächsten drei Monate eine Dividende von z. B. 5 EUR ausschüttet. Am Tag der Dividendenzahlung wird die Aktie 5 EUR niedriger notieren, denn das Unternehmen hat eigenes Vermögen ausgeschüttet und ist nun 5 EUR pro Aktie weniger wert. Fällt die Aktie, muss der Future-Inhaber einen Verlust hinnehmen, denn er bekommt die exemplarischen 5 EUR nicht als Ausgleich auf sein Konto gezahlt. Deshalb notiert der Future unter dem aktuellen Aktienkurs, um diesen Nachteil auszugleichen.

Das Beispiel zeigt, warum Derivate nicht ohne Laufzeitende auskommen. Nur wenn es eine Laufzeit gibt, kann fair kalkuliert werden (ersparter Kreditzins, bekannte Dividendenzahlungen), welchen Vorteil der Derivateinhaber gegenüber dem Direktinvestor hat.

In der Praxis gibt es Futures auf einen Basiswert mit mehreren Laufzeiten, und es werden in regelmäßigen Abständen neue Spezifikationen auf den Markt gebracht. Wenn ein Future kurz vor dem Laufzeitende steht und ein Investor weiter investiert sein möchte, verkauft er den ablaufenden Kontrakt und kauft gleichzeitig einen Kontrakt mit längerer Laufzeit. Diesen Vorgang nennt man Rollen.

Einen Future kann man auch verkaufen, ohne ihn vorher gekauft zu haben. Mit dieser Minusposition (Fachbegriff: Shortposition) würden Sie an jedem Abend Geld bekommen, wenn der Basiswert gefallen ist. Was wie wilde Spekulation klingt, wird von Investoren sehr oft angewandt, um ihre Investitionen in unsicheren Zeiten abzusichern, ohne dabei alle Basiswerte verkaufen zu müssen. Verkaufe ich zwei DAX-Futures, bin ich zwei Kontrakte short. Verkaufe ich weitere zwei Futures, bin ich vier Kontrakte short. Kaufe ich dann vier Futures, bin ich flat. Kaufe ich noch drei Futures, bin ich drei Kontrakte long und setze auf steigende Kurse.

## Zertifikate / ETCs

Wenn Sie als Privatanleger mittels Wertpapieren in Rohstoffe investieren wollen, haben Sie in der Regel zwei Möglichkeiten. Erste Möglichkeit: Sie erwerben einen Fonds, der in Rohstoffe investiert. Dabei werden Sie aber immer einen Korb von Rohstoffen haben, nie einen einzelnen. Das geht deshalb nicht, weil ein Fonds diversifiziert (gestreut investiert) sein muss. Er darf zwar auf mehrere Pferde der gleichen Rasse setzen, jedoch nie auf ein einzelnes.

Die zweite Möglichkeit wäre, eine sogenannte Schuldverschreibung eines Emittenten zu kaufen. Der Emittent ist in der Regel eine Bank. Sie schließen mit dem Erwerb dieser Schuldverschreibung automatisch einen Vertrag mit jemandem, der sich verpflichtet, Ihnen zu bestimmten Bedingungen eine Auszahlung zu geben. Diese Schuldverschreibungen sind in der Regel sogenannte Zertifikate.

Beispiel: Sie kaufen ein Zertifikat von einer Investmentbank, die Ihnen den Gewinn bei Anstieg des Goldpreises verspricht. Steigt Gold um 1 %, steigt auch Ihr Zertifikat um ungefähr 1 % im Wert. Es fällt jedoch auch um 1 %, wenn Gold um 1 % nachgibt.

Bei der Ausgestaltung der Zertifikate sind der Fantasie der Banken keine Grenzen gesetzt – es ist ein wenig wie im Wettbüro. Dort können Sie beim Fußball auf die Anzahl der Ecken, die Anzahl der Tore zwischen der 65. und der 80. Minute setzen oder darauf, ob es im Spiel einen Elfmeter gibt, der auch noch verschossen wird. Bei den Zertifikaten ist das genauso. Es gibt Sonderauszahlungen, wenn Kursschwellen erreicht werden, oder in einem anderen Fall, wenn sie nicht erreicht werden. Doppelter Gewinn bei sinkenden Kursen des Basiswerts? Alles kein Problem.

Weniger aufregend, aber ganz praktisch ist es, dass Zertifikate Ihnen auch die Möglichkeit geben, in Rohstoffe jeglicher Art zu investieren bzw. daran zu partizipieren. Nicht selten auch ohne Laufzeitende. Sie können jederzeit die Schuldverschreibung auflösen, indem Sie die Zertifikate wieder verkaufen. Wenn Sie Aktien an der Börse verkaufen, kauft sie ein unbekannter anderer Marktteilnehmer. Wenn Sie Zertifikate verkaufen, kauft sie in der Regel die Bank zurück.

Wichtig! Die Banken wetten nicht gegen Sie. Banken sichern sich am Finanzmarkt gegen die Auszahlungsverpflichtung Ihnen gegenüber ab.

Beispiel: Sie kaufen ein Zertifikat, das Ihnen Gewinne auszahlt, wenn Silber fällt. Die emittierende Bank ermittelt, wie viele andere Kunden auch diese Zertifikate gekauft haben, und rechnet aus, wie viele Silber-Futures sie verkaufen muss, um keinen Verlust zu erleiden, wenn der Rohstoff dann wirklich fällt. Sie wird sich am Markt entsprechend positionieren, was sie auch Geld kosten wird. Je nachdem, wie effizient die Bank das macht, wird ihr eigener Gewinn ausfallen.

Leider muss man bei Zertifikaten neben der Auswahl der richtigen Investition auch einen unangenehmen Aspekt beachten: das Emittentenrisiko. Geht der Emittent in Konkurs, bekommen Sie unter Umständen kein Geld wieder, wenn Sie versuchen, die Papiere zu verkaufen. Es ist leichter gesagt als getan, sich vor dem Kauf des Zertifikats die Kreditwürdigkeit des Emittenten genau anzusehen und diese fortlaufend zu beobachten. Schauen Sie in dem Kapitel über die Anleihen in den Abschnitt „Risikoaufschlag", um das Risiko zumindest etwas einschätzen zu können.

ETCs (Exchange Traded Commodities – deutsch: börsengehandelte Rohstoffe) sind ebenfalls Schuldverschreibungen und damit nicht ohne Emittentenrisiko. Mit ihnen lässt sich auch in einzelne Rohstoffe investieren. Sie sind jedoch besser besichert als die Zertifikate. Im Idealfall physisch mit dem Rohstoff, den sie abbilden, das ist in der Regel bei Edelmetall-ETCs der Fall. Bei einem Öl-ETC kann es sein, dass dieser kein Öl gekauft hat, sondern Anleihen und Ihnen trotzdem die Performance des schwarzen Goldes wiedergibt. Wie das geht? Ich werde Sie dafür kurz in die Welt der Swaps einführen. Diese gehören zwar eher zum großen „Einmaleins der Börse", doch Sie sollten vorab schon einmal einen Blick auf die Risiken dieser Finanzprodukte werfen.

## Swaps

Der Begriff Swap bedeutet auf Deutsch Tausch und ist am Finanzmarkt auch ein Tauschgeschäft. Es gibt viele Tauschgeschäfte am Markt. Diese werden von professionellen Anlegern genutzt und haben in den Händen von Privatanlegern nichts zu suchen, da sie ein unbegrenztes Verlustrisiko bergen. Ohnehin werden Swapgeschäfte mit Mindestsummen von 1 bis 5 Mio. EUR abgeschlossen und benötigen spezielle Verträge (sogenannte

Rahmenverträge) zwischen zwei Tauschpartnern. Folgendes können zwei Marktteilnehmer (einer davon ist in der Regel eine Investmentbank) miteinander exemplarisch tauschen:

Beispiel 1: Partei A erhält auf ein Volumen von 50 Mio. EUR einen festen Zinssatz und zahlt dafür der Partei B einen variablen Zins. Den Swap nennt man IRS (Interest Rate Swap – deutsch: Zinsswap).

Beispiel 2: Partei A erhält 5 Mio. EUR von Partei B, wenn ein bestimmtes Unternehmen Konkurs geht, und zahlt dafür der Partei B eine (Versicherungs-)Prämie. Diesen Swap nennt man CDS (Credit Default Swap – deutsch: Kreditausfallversicherung).

Für uns wesentlich interessanter, da er indirekt etwas mit potenziellen Investments von uns zu tun hat, ist der Total Return Swap. Übersetzen kann man diesen Begriff mit „Volle Wertentwicklung Tauschgeschäft". Hier wird von Partei A eine Gebühr bzw. ein Zins an Partei B gezahlt. Partei B muss A dafür die positive Entwicklung eines Basiswerts auszahlen. Ist die Entwicklung negativ, muss A die Verluste an B ausgleichen. Klingt es unlogisch, dass A für Gewinne und Verluste gleichermaßen geradestehen muss und dafür noch zusätzlich eine Gebühr bezahlt, während B gar nichts zu verlieren hat?

Blicken wir auf typische Basiswerte für ein solches Tauschgeschäft: Rohstoffe und Indizes. Rohstoffe selbst zu kaufen, zu lagern oder überhaupt einen Marktzugang dafür zu haben, ist selbst für professionelle Marktteilnehmer wie Investmentfonds kaum möglich. Sogar bei einem Aktienindex kann es für Profis schwierig sein, zu jeder Zeit exakt die Wertentwicklung nachzubauen, obwohl der Erwerb von Aktien an sich kein Problem ist. Stets die richtige Gewichtung der Aktien zu haben, ist hier die Schwierigkeit. Wie gut, dass es Investmentbanken gibt, die darauf spezialisiert sind, Ihnen genau das gewünschte Auszahlungsprofil zu liefern, wenn auch gegen eine Gebühr. Die Bank selbst wird sich aber auch absichern. Im Idealfall findet sie einen anderen Marktteilnehmer, der sich z. B. bei Rohstoffen gegen einen Kursverlust absichern will.

Beispiel 3: Partei A spekuliert auf steigende Kupferpreise und schließt mit Partei B, einer Investmentbank, einen Total Return Swap auf Kupfer ab. Partei C wiederum möchte sich gegen fallende Kupferpreise schützen und schließt mit Partei B auch einen Total Return Swap ab, jedoch mit anderem Auszahlungsprofil. Hier zahlt Partei B an C Geld, wenn Kupfer fällt, und C zahlt an B, wenn Kupfer steigt. B zahlt an Partei A Geld, wenn Kupfer steigt und A zahlt an B, wenn Kupfer fällt.

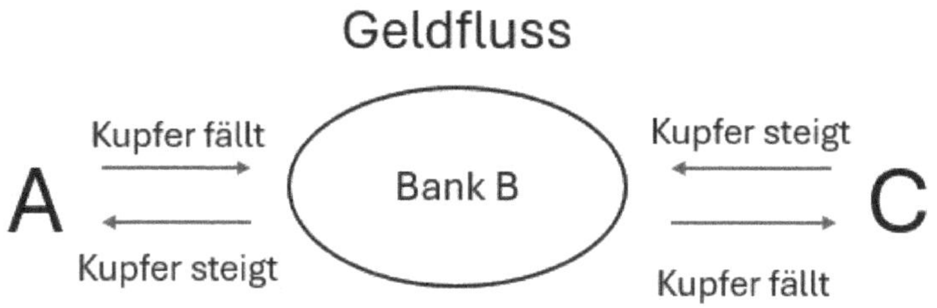


*Abbildung 4: Geldfluss bei einem Swap*

Sie finden das Beispiel arg konstruiert und halten es für einen Riesenzufall oder zumindest für sehr theoretisch, dass A und C gegenläufige Interessen haben und exakt das gleiche Volumen und die gleiche Laufzeit handeln wollen? Da haben Sie recht, doch eine Investmentbank hat Hunderte oder Tausende Spekulanten und Absicherer unter ihren Kunden. Die Bank wird versuchen, bestmöglich die Interessen auszugleichen, und wenn es ihr nicht eins zu eins gelingt, kann sie sich immer noch absichern, indem sie den Basiswert einfach selbst kauft. Dabei wird der Gewinn für die Bank zwar geschmälert, aber sie wird nie davon abhängig sein, wie sich der Preis eines Basiswerts entwickelt. Wie heißt es doch so schön – die Bank gewinnt immer.

Was passiert eigentlich, wenn die Investmentbank ausfällt, also insolvent geht? Grundsätzlich haben Sie als Investor das Nachsehen, denn wer insolvent ist, wird nichts mehr an Sie auszahlen. Doch es gibt Sicherungsmechanismen.

Erster Sicherungsmechanismus: Es findet ein regelmäßiger Gewinn- und Verlustausgleich statt. In Fachkreisen spricht man vom Reset, Sie kennen es vielleicht als Taste auf elektrischen Geräten, und das ist auch in etwa vergleichbar. Beim Gerät wird alles Programmierte gelöscht, und es kann wieder von vorn losgehen. Beim Swap wird in regelmäßigen Abständen der bis dahin angefallene schwebende Gewinn oder Verlust unter den zwei Vertragspartnern gezahlt. Die Gewinn- und Verlustrechnung startet wieder von vorn. Geld, das durch ein Reset gezahlt wurde, kann nicht mehr durch eine Insolvenz verloren gehen.

Wenn ein Reset beispielsweise jeden Freitag durchgeführt wird und ein Swappartner am Donnerstag vorher insolvent geht, ist höchstens der Gewinn seit dem letzten Reset (am Freitag davor) verloren.

Zweiter Sicherungsmechanismus: Es wird ein sogenanntes Collateral Agreement aufgesetzt. Das ist eine Vereinbarung zwischen den Swappartnern, dass ein Pfand (Collateral) untereinander ausgetauscht wird, um schwebende Gewinne abzusichern. Macht Partei A also einen Verlust, der eine vorher vereinbarte Schwelle überschreitet, so muss sie das Collateral an Partei B zahlen. Dreht der Verlust in einen Gewinn, so muss Partei B ihn ausgleichen. Wird eine der Parteien zwischenzeitlich insolvent, darf das Collateral verwertet werden, wenn etwaige Gewinne nicht gezahlt werden konnten.

Warum macht man nicht einfach täglich Resets und hinterlegt Collaterals, bevor überhaupt ein schwebender Gewinn oder Verlust entsteht? Dann gäbe es in der Tat kein Risiko, und börsengehandelte Futures funktionieren genau so. Dort heißt das Collateral Initial Margin (Geld, das man am Anfang hinterlegen muss), und die Resets heißen Variation Margin (Geld, das man nach jedem Börsentag zahlen muss oder bekommt). Doch diese hundertprozentige Sicherheit verursacht Kosten.

Jeder Zahlungsstrom, egal ob durch ein Reset oder durch Collateral verursacht, muss berechnet, geprüft und angewiesen werden. Die Vertragspartner müssen täglich sicherstellen, dass sie ausreichend Geld zur Verfügung haben. Das führt zu einem vorgehaltenen Sicherheitspuffer, und dieser Puffer kann nicht investiert werden. Wer ein Zertifikat oder einen Fonds kauft, in dem Swaps zum Einsatz kommen, möchte so wenig fortlaufende Gebühren wie möglich zahlen. Deshalb ist es wichtig, eine sinnvolle Balance zwischen Kosten und Sicherheit zu finden.

Was hat das Ganze jetzt mit Rohstoffen zu tun?

Wenn Sie sich ein Zertifikat oder einen Fonds kaufen, der Ihnen ein Rohstoffinvestment ermöglicht, erwerben Sie in den meisten Fällen ein Konstrukt, das die Rohstoffe gar nicht selbst kauft. Sie erwerben ein Vehikel, das Ihnen swapbasiert das Ergebnis eines Rohstoffinvestments wiedergibt.

Es ist möglich, dass Sie einen Rohstofffonds kaufen, der voller Anleihen ist und nicht einen einzigen Rohstoff beinhaltet. Die Anleihen werden dann genutzt, um Collateral an einen Swappartner zu stellen, der wiederum das Rohstoffergebnis liefert.

Es kommt auch bei Aktien oder Anleihenfonds vor, dass diese swapbasiert sind. Das Gegenteil von swapbasiert ist physisch repliziert (mit echten Assets hinterlegt). Warum Rohstoffe selten physisch repliziert sind, wird im Folgenden bei den einzelnen Rohstoffarten behandelt.

## Edelmetalle

**Eignung als Investitionsobjekt**

Metalle, die nicht rosten, nennt man Edelmetalle. Zu den berühmtesten zählen Gold, Silber, Platin und Palladium. Diese lassen sich gut aufbewahren und eignen sich deshalb auch als physische Wertanlage. Durch Normierung und Klassifizierung wie Barren, Krügerrand usw. können Sie ohne große Schätzung herausbekommen, wie viel die Objekte, die Sie vielleicht in den Händen halten, wert sind.

Eignen sie sich als Investitionsobjekte? Hier streiten sich die Experten. Für alle Rohstoffe gilt: Sie vermehren sich nicht, sie bringen keinen Zins und werfen auch keine Dividenden ab. Wenn Ihre Investition das Ziel hat, Kursgewinne zu erwirtschaften und einen Zins zu zahlen, haben Rohstoffe bei letzterem Punkt das Nachsehen. Dazu kommt: Die (sichere) Aufbewahrung kostet Geld, und das mehr als bei Wertpapieren.

Wie sieht es mit potenziellen Kursgewinnen aus? Dazu müsste die Nachfrage stetig das Angebot übersteigen. Hier hat der Rohstoff Edelmetall gegenüber dem Rohstoff Nahrungsmittel einen Vorteil. Er ist endlich, was zur Angebotsverknappung und damit zu steigenden Preisen führen kann. Jedoch lassen sich Edelmetalle gut recyceln. Für eine Angebotsverknappung bei Gold und Co. ist es nötig, dass etwas in der Industrie auftaucht, das eine dauerhafte Nachfrage auslöst. Ein Beispiel war die Erfindung des Mobiltelefons und der damit ausgelöste Bedarf an Seltenen Erden, da diese zur Herstellung von Handys benötigt werden und jeder auf der Welt ein solches Gerät haben wollte.

Edelmetalle haben jedoch ein Alleinstellungsmerkmal, das zu Kursgewinnen führen kann und das andere Assetklassen nicht haben. Es ist die Wertaufbewahrung.

Gerade Gold gilt als Krisenwährung. Wann immer es auf der Welt eine größere Krise gibt, fangen die Schmuckmetalle an, sich zu verteuern. Vom sicheren Hafen ist die Rede. Ganz gleich ob eine Wirtschaftskrise droht und die Aktien nachgeben, ob das Inflationsschreckgespenst umgeht oder Anleihenkurse fallen – die Edelmetalle bleiben standhaft. Es wäre unmoralisch, Gold und Silber zu kaufen und dann zu hoffen, dass viele Kriege ausbrechen. Besonders erfolgversprechend wäre diese Spekulation ohnehin nicht, denn eine gewisse Erwartungshaltung, dass es immer wieder Krisen geben wird, steckt bereits in den Kursen. An der Börse wird immer die wahrscheinliche Zukunft gehandelt, das gilt auch an den Rohstoffbörsen.

**Formen des Investments**

Es gibt vier Möglichkeiten für Privatanleger, in Edelmetalle zu investieren.

Möglichkeit 1: Sie kaufen die Metalle physisch und legen sie in einen Tresor. Sie haben die Wahl zwischen diversen Anbietern (z. B. Ophirum, Degussa Gold, Pro Aurum), bei denen Sie die Stücke erwerben können, mancherorts gibt es sogar Automaten, aus denen man sich das Metall sofort ziehen kann. Die Spanne zwischen Kauf- und Verkaufspreis ist jedoch enorm. Haben Sie frisch einen Barren erworben, muss der Rohstoff schon gewaltig steigen, damit Kursgewinne erwirtschaftet werden können.

Möglichkeit 2: Sie kaufen ein Zertifikat auf Gold. Es gibt diverse Zertifikateemittenten, bei denen Sie ein Wertpapier erwerben können, das Ihnen nahezu identisch die Kursentwicklung des gewünschten Rohstoffs wiedergibt. Die Differenz zwischen An- und Verkaufskurs hält sich hier in Grenzen, jedoch gibt es eine jährliche Gebühr, die mögliche Gewinne schmälert beziehungsweise einen Verlust erhöht. Geht der Zertifikateemittent insolvent, droht Ihnen der Totalverlust. Sollten Sie planen, das Zertifikat 30 Jahre zu halten, wird die jährliche Gebühr richtig schmerzen. Dass der Emittent wirtschaftlich wackelt und Sie alles verlieren, wird auch wahrscheinlicher, je länger Sie investiert sind. Vielleicht müssen wir auch nicht vom Schlimmsten ausgehen und ein Emittent wird einfach nur von einem anderen Haus übernommen. Dann haben Sie einen Emittenten aufgezwungen bekommen, und gegebenenfalls kündigt der Ihnen das Zertifikat (es steht im Kleingedruckten des Verkaufsprospekts, dass er das darf). Bei einer Kündigung eines Zertifikats bekommen Sie das ausgezahlt, was das Wertpapier zum Kündigungstermin wert ist, doch ärgerlich ist es, wenn

Sie sich gerade in der Verlustzone befinden oder Ihr Investment für 30 Jahre geplant war.

Kurz- bis mittelfristig ist es denkbar, Zertifikate zu nutzen, vor allem kann man mit ihnen auf fallende Kurse setzen. Langfristig muss man mit den Szenarien leben, die ich oben beschrieben habe.

Wenn Sie sich für Zertifikate entscheiden, nutzen Sie die Zertifikate-Sonderform ETC. Hier ist die Insolvenzsicherheit größer, da der eigentliche Rohstoff zu Absicherungszwecken beim Emittenten hinterlegt ist. Nicht zu 100 %, aber zum großen Teil.

Möglichkeit 3: Sie kaufen einen Rohstoff-ETF. ETFs sind Fonds und müssen diversifiziert sein. Deshalb kann ein ETF nicht auf einen einzelnen Rohstoff setzen.

Vorsicht, Falle! Googeln Sie mal Gold- oder Silber-ETF. Da werden Ihnen Listen von ETFs auf Einzelrohstoffe angeboten, und wenn Sie weiterklicken, sind es am Ende doch ETCs. Da wird der gute Name ETF (ist ja insolvenzsicher) missbraucht, um Kunden anzulocken, und am Ende hält man dann doch keinen im Depot.

Aber es gibt eine halbwegs akzeptable Lösung: Gold, Silber, Platin und Co. korrelieren stark. Wenn Gold im Preis steigt, steigen die anderen Edelmetalle in der Regel auch. Mal steigt das eine, mal das andere stärker. Das ergibt Sinn, denn zum Beispiel in Krisenzeiten verteuern sich häufig alle Edelmetalle. Selbst wenn durch starke Industrienachfrage eines der Edelmetalle boomt, ziehen die anderen nach. Vielleicht nicht alle in gleichem Maße, doch wenn Sie einen ETF haben, der verteilt in alle Edelmetalle investiert, haben Sie eine vernünftige Rohstoffbeteiligung. Dazu müssen Sie sich noch nicht einmal Gedanken machen, ob Sie lieber auf Gold oder Silber setzen sollten.

Möglichkeit 4: Sie kaufen einen ETF auf Edelmetallfirmen. Firmen, die von steigenden Edelmetallpreisen profitieren, sind in erster Linie die Minen. Viele davon sind börsennotiert, und ihre Gewinne erhöhen sich um ein Vielfaches, wenn sich die Edelmetallpreise verteuern. Es ist im Grunde auch egal, ob die Firmen nur Gold schürfen und Silber steigt, die Korrelation (siehe Möglichkeit 3 oben) kommt den Goldgräbern zugute. Da so viele Aktiengesellschaften existieren, deren Wohl und Wehe am Gold hängt, gibt es mittlerweile reichlich Indizes, und wo es einen Index gibt, ist ein ETF meistens nicht weit. Die Indizes und die dazugehörigen ETFs heißen „Gold Miners“ oder „Gold Bugs“. Vorsicht! Auch wenn es auf den ersten Blick so aussehen mag, dass hier das Beste aus zwei Welten zusammenkommt – Aktien (die langfristig meistens steigen) und Rohstoffe –, haben wir hier kein Standardaktieninvestment. Minenaktien sind ein einzelnes Themengebiet. Politische Unruhen und nachteilhafte Gesetzgebung, Währungsschwankungen und die Abhängigkeit von einem Rohstoff machen dieses Investment sehr riskant. Ein Index, und damit auch der ETF, der ihn abbildet, kann durchaus stark fallen und sich nie wieder erholen. Bleiben politische Spannungen aus und die Rohstoffpreise steigen, werden die Gold Bugs überproportional zulegen. Für Spekulanten, die auf einen kurzfristigen Anstieg der Rohstoffpreise setzen, ist das eine spannende Sache. Für diejenigen, die ihr Geld einigermaßen sicher und ausgewogen anlegen wollen, ist es weniger geeignet.

**Risiken**

Währungsrisiko: Egal ob Sie physisch oder mit Wertpapieren in Edelmetalle investieren, Sie sollten sich bewusst sein, dass diese Rohstoffe am Weltmarkt in US-Dollar gehandelt werden. Wenn Gold 1.500 USD kostet und der EUR/USD-Wechselkurs von 1,20 auf 1,25 steigt (damit wird der Dollar schwächer), ist das Gold umgerechnet nicht mehr 1.250 EUR, sondern nur noch 1.200 EUR wert.

So richtig schlimm ist das meistens gar nicht, denn Gold ist ja nicht umsonst ein hervorragendes Wertaufbewahrungsmittel. Deshalb wird bei einer Dollar-Schwäche der Goldpreis anfangen zu steigen und dieses Manko ausgleichen. Denn nur weil der Dollar schwächelt, glänzt Gold nicht automatisch weniger schön. Doch sollten Sie investieren und morgen freudig in der Zeitung vom Goldpreisanstieg lesen, so schauen Sie erst auf den Wechselkurs, bevor Sie sich freuen, und wundern Sie sich nicht, wenn sich Ihr Rohstoff-ETF oder Ihr Gold-ETC nicht bewegt hat.

Anders sieht es aus, wenn Sie in Gold Bugs investiert sind und die Währungen der Länder abwerten, in denen sich die meisten Minenfirmen befinden. Am meisten wird in Australien gefördert, Platz zwei gehört Russland und an dritter Stelle steht Südafrika. Beim russischen Rubel und beim südafrikanischen Rand schwingt sicherlich ein größeres Währungsrisiko mit als beim australischen Dollar.

Lagerkosten: Edelmetalle aufzubewahren, kostet: Versicherung, Tresor, Transport. Wenn die Kurse der Edelmetalle jahrelang seitwärtslaufen (an fallende Kurse mag ich gar nicht erst denken), werden die Kosten Ihrem

ETC, Zertifikat oder ETF wehtun. Es gibt keine Zinsen oder Dividenden. Edelmetalle müssen steigen, damit sich das Investment am Ende gelohnt hat.

## Energie / Industriemetalle / Nahrungsmittel

Die Rohstoffe Energie (z. B. Öl, Gas), Industriemetalle (z. B. Blei, Kupfer) und Nahrungsmittel (z. B. Weizen, Mais, Kaffee) haben eine Gemeinsamkeit: Sie lassen sich schwer aufbewahren, nicht in einem Tresor einschließen und müssen über Derivate (meistens Futures) von Fondsgesellschaften oder Zertifikate abgebildet werden. Das ist wiederum eine schwere Bürde, so schwer, dass es für Privatanleger zum ernsthaften Problem wird. Doch der Reihe nach.

**Nicht nachwachsende Rohstoffe**

Die nicht nachwachsenden Rohstoffe werden bei zunehmendem Verbrauch knapper, ein Klassiker ist das Öl. Damit ist eine sichere Angebotsverknappung in Aussicht und verspricht langfristig ein sicheres Investment zu sein. Doch volkswirtschaftlich gesehen, steigt mit zunehmender Knappheit der Druck, den Rohstoff durch andere (besser und günstiger verfügbare Rohstoffe) zu ersetzen. Das geht bei den Industriemetallen unter Umständen schneller als bei Öl und Gas. Eine Garantie für unendlich steigende Rohstoffpreise ist die Nichtregenerierbarkeit also nicht.

**Nachwachsende Rohstoffe**

Hier schlägt die Moral besonders zu. Wer exemplarisch in Weizen investiert, tritt erst mal als Nachfrager am Markt auf. Jeder Nachfrager mehr am Markt treibt die Rohstoffpreise nach oben und verteuert lebenswichtige Nahrungsmittel für Personen, die deshalb hungern müssen. Wer in Holz investiert, sorgt für steigende Preise und motiviert andere, mehr abzuholzen. Aus diesem Grund gibt es Rohstoffindizes, die den Zusatz „ex agriculture“ enthalten, sie schließen die Landwirtschaftsprodukte aus.

Unabhängig von der Moral haben nachwachsende Rohstoffe auch eine volkswirtschaftlich plausible Eigenschaft, sie sind zyklisch. Stehen die Rohstoffpreise hoch, so werden diese besonders intensiv angebaut und die Lagerhallen gefüllt. Irgendwann kommt das Überangebot und die Preise gehen abwärts, die Lager leeren sich und die Zeit kommt, in der der Mangel wieder zuschlägt. Für kurzfristig orientierte Anleger ist es sicherlich interessant, diesen Zyklus zu nutzen. Doch auch das birgt Gefahren und ist etwas für Fortgeschrittene.

### Risiken

Was kann alles schieflaufen bei Rohstoffen abseits der Edelmetalle? Auf die langfristigen Probleme gehe ich später noch ein. Ich beleuchte mal die eher kurzfristigen Fallstricke:

1. Rohstoffpreise auf Nahrungsmittel neigen zu starken Übertreibungen und heftigen Preisbewegungen. Die Rohstoffbörsen haben deshalb einen Mechanismus, der „Limit up“ und „Limit down“ heißt und bedeutet, dass der Handel des Rohstoffs jederzeit ausgesetzt werden kann, wenn es zu starken Schwankungen am Tag kommt. Ich habe in meiner Karriere schon erlebt, dass es an mehreren Tagen hintereinander ein „Limit up“ bei Weizen gab. Wer dann ein Zertifikat auf Weizen hatte, konnte es nicht verkaufen, um die Gewinne mitzunehmen. Ohne Preise an der Börse gibt es auch keinen Preis für das Zertifikat. Das steht irgendwo im Kleingedruckten. Gibt es längere Zeit keinen Preis an der Börse, könnte ein Zertifikateemittent den Rückzahlungspreis selbst festlegen, natürlich nach bestem Wissen und Gewissen.
2. Rohstoffe notieren in US-Dollar und manche auch in Pfund, aber nie in Euro. Das Währungsrisiko spielt immer mit.
3. Es gibt keine Möglichkeit, in einzelne Rohstoffe zu 100 % insolvenzsicher zu investieren. ETCs sind besser gesichert als Zertifikate, aber insbesondere bei Energie, Industriemetallen oder Nahrungsmitteln nicht physisch mit dem jeweiligen Rohstoff hinterlegbar.

## Contango und Backwardation

### Terminkurven

Contango und Backwardation sind Begriffe, die eng mit dem Rohstoffhandel verbunden sind und enorme Auswirkungen auf den Ertrag haben. Contango und Backwardation sind sogenannte Terminkurven.

Wenn jemand einen Future auf einen Rohstoff kauft, verpflichtet sich der Käufer, zum Ende der Futurelaufzeit, eine bestimmte Menge in einer bestimmten Güte von dem entsprechenden Rohstoff abzunehmen und den aktuellen Marktpreis zu bezahlen. Wer den Future verkauft (also eine Shortposition hat), muss den Rohstoff liefern. Dieser Mechanismus sorgt dafür, dass der Future fair gepreist ist, denn wäre er zu billig, würden echte Rohstoffhändler (also keine Spekulanten) ihre Ware nur über Futures kaufen und nicht am Markt. Die Übernachfrage nach dem Future lässt dessen Preis steigen, und schon ist er schnell nicht mehr zu billig. Dieser Marktmechanismus funktioniert nur, weil ein Future ein Laufzeitende hat, an dem abgerechnet wird. Deshalb können Futures nie unendlich laufen.

Die meisten Futureshändler sind keine Rohstoffhändler. Niemand hat ein Interesse, Weizenbüschel, Schweinebauchhälften oder Ölkanister geliefert zu bekommen. Aus diesem Grund wird eine Futureposition vor dem Verfallstag geschlossen. Wer fünf Futures Weizen gekauft hat, die am Tag X verfallen, wird diese fünf Weizenfutures vor dem Tag X verkaufen. Er hat damit seine Position glattgestellt. Wer zehn Ölfutures verkauft hat und damit zehn Kontrakte short ist, der wird vor dem Tag X die zehn Kontrakte kaufen, um seine Position glattzustellen.

Was passiert, wenn die Glattstellung vergessen wird? Es ist die Urangst, auch für institutionelle Anleger, in dieses Szenario zu geraten. Ich habe mal von einer Investmentbank gehört, dass es dort Abteilungen gibt, die sich genau um solche Szenarien kümmern und dem Anleger aus der Patsche helfen. Doch das wird sicher keine kostenlose Dienstleistung sein.

Was passiert, wenn ein Anleger auch nach dem Verfall in dem Rohstoff investiert sein möchte? Noch bevor ein Future am Tag X verfällt, wird es bereits einen Future Y geben, der exemplarisch drei Monate länger läuft als X. Verkaufe ich also X und kaufe in der gleichen Sekunde Y, so bin ich in jeder Sekunde investiert gewesen. Den gleichzeitigen Kauf und Verkauf von Kontrakten unterschiedlicher Laufzeit nennt man Rollen.

**Der Rollverlust und seine Auswirkungen**

Nehmen Sie an, Sie kaufen einen Future, der noch sechs Monate läuft. Dann ersparen Sie es sich, den Rohstoff physisch zu lagern und zu versichern, und Sie müssen ihn nicht schon heute bezahlen. Das müssen Sie alles erst am Verfallstag machen, falls Sie den Future nicht gerollt haben. Der physische Rohstoffhändler hat die Lager- und Versicherungskosten, und er musste sein Geld bereits investieren, wofür er anderweitig Zinsen bekommen hätte. Wie ich schon erwähnte, notieren die Rohstoffe mehrheitlich in US-Dollar.

In den USA gab es bisher keine Negativzinsen, es wird somit ein Finanzierungszins als Aufschlag dazukommen.

Machen Sie einen Vertrag mit einem Rohstoffhändler, dass Sie das Geschäft in vier Monaten zum Preis von heute abschließen (nichts anderes ist ein Future), so wird der Händler einen Aufpreis auf den heutigen Preis nehmen. Darin werden die Lager- und Finanzierungskosten ausgedrückt. Je länger der Future noch läuft, desto höher der Aufschlag. Das bedeutet: Der Future X, der vielleicht in einem Monat abläuft, ist billiger als der Future Y, der in vier Monaten fällig ist. Mit zunehmendem Zeitverfall wird der Future immer billiger. Diese Kurve nennt man Contango.

Halten Sie einen Future und am Weltmarkt für den entsprechenden Rohstoff passiert mit dem Preis gar nichts, wird Ihr Future sinken und jeden Tag Verluste einfahren. Sie bezahlen damit Lagerkosten, die Sie eigentlich gar nicht haben. Der Future muss somit stärker steigen als die täglichen Lagerkosten, damit Sie einen Gewinn verbuchen können. Rollen Sie in den nächsten Future, so ist dieser schlagartig teurer (der läuft ja noch länger).

Jetzt kommen wir zu dem Punkt, zu dem man viel Unsinn liest oder auch auf Videokanälen hört: dem Rollverlust.

Unsinn Nummer 1: Der alte Future wird für 100 EUR verkauft und der neue für 120 EUR gekauft. Es entsteht sofort ein Verlust von 20 EUR.

Unsinn Nummer 2: Der Zertifikateemittent verkauft den alten Future zu 100 EUR und bekommt nur 0,83 % vom neuen Future, der ja 120 EUR kostet. Er hatte schließlich nicht mehr Geld aus dem Verkauf des alten Futures erlösen können. Nach dem Rollen des Futures steigt das Zertifikat nur noch um 0,83 %, wenn der Rohstoff um 1 % steigt.

Wenn ein Future gekauft oder verkauft wird, fließt kein Geld. Kaufen Sie nachmittags zu 100 EUR und der Schlusskurs am selben Tag steht bei 102 EUR, so wird die Börse Ihnen 2 EUR als Gewinn auszahlen. War gestern Abend der Schlusskurs des Futures bei 105 EUR und heute verkaufen Sie ihn im Lauf des Tages zu 103 EUR, so zahlen Sie den Verlust von 2 EUR. Wenn Sie rollen, kaufen und verkaufen Sie gleichzeitig. Wenn Sie auf einer Seite einen Gewinn haben, so haben Sie auf der anderen einen Verlust – und zwar in gleicher Höhe! Es entsteht kein Rollverlust. Der Begriff ist irreführend. Mittlerweile setzt sich der Begriff Rolleffekt immer mehr durch, aber einen sofort wirksamen Effekt durch das Rollen gibt es trotzdem nicht.

Warum ändert der Zertifikateemittent dann die Partizipationsrate (meist zu Ihren Ungunsten)? Weil der Emittent durch das Rollen den Zertifikatepreis nicht beeinflussen will. Lässt er die Partizipationsrate bei 100 %, müsste er den Preis des Zertifikats nach der Rolle nach oben setzen (der neue Future ist ja teurer). Wenn er das macht, dann kaufen Sie vor der Rolle des Emittenten das Zertifikat, anschließend springt es nach oben und Sie verkaufen. Ein risikoloser Gewinn für Sie – das würde keine Bank der Welt mitmachen.

Zockt die Bank Sie dann ab? Nein, das macht sie nicht, sie erklärt es nur falsch, damit der wahre Grund nicht so offensichtlich ist. Das Halten eines Rohstofffutures kostet den Emittenten Geld, ausgedrückt durch Contango. Damit der Preis des Zertifikats nicht konstant abnimmt, wird diese Sache mit der Partizipation gemacht. Dadurch können Sie keinen Vor- oder Nachteil erleiden, indem Sie an einem ganz bestimmten Zeitpunkt kaufen oder verkaufen.

**Backwardation ein Kaufargument?**

Kann es sein, dass der Future, der länger läuft, auch mal günstiger ist als der, der eine kürzere Laufzeit hat? Ja, das nennt man Backwardation. Der Kurs des Futures steigt, je näher wir dem Laufzeitende kommen.

Wie kann das sein? Bei Rohstoffen kann es manchmal vorkommen, dass man genau weiß, wann sie steigen oder fallen, und solange alle Marktteilnehmer das Wissen haben, wird das auch in den Futures eingepreist.

Beispiel: Es ist Dienstagabend, 22 Uhr, und Sie wollen mit einem Tankstellenpächter vereinbaren, am nächsten Tag 50 Liter zu tanken, und möchten den Preis dafür schon festlegen. Die Tankstelle hat im Augenblick den teuren Nachttarif auf ihrer Preistafel, der Liter Sprit kostet gerade 2 EUR. Werden Sie den Preis für den Liter bei 2 EUR mit dem Pächter fixieren oder für 1,90 EUR? Sie wissen ja, dass der Pächter gerade seinen teuren Nachttarif hat. Der Spritfuture, den Sie gerade mit dem Pächter abgeschlossen haben, befindet sich in der Backwardation.

Egal ob Contango oder Backwardation: Es gibt keine Situation, die risikolose Gewinne verspricht. Die Preiskurve der Futures ist das Ergebnis aus verfügbaren Marktinformationen (Zins, Lagerkosten, bevorstehende preisbewegende Ereignisse) und Mathematik.

**Die Konsequenz für die Langfristanlage**

Ich hätte diesen Wirrwarr mit Contango auch leichter erklären können. Ganz ohne Futures:

„Die Investition in Rohstoffe verursacht immer Lagerkosten. Diese muss der Anleger bezahlen, und sie machen jedes langfristige Investment unrentabel, solange es nicht dauerhaft steigt."

Die ETC-, ETF- oder Zertifikateindustrie versucht, das zu verschleiern. Sie sprechen von „Enhanced"-Indizes, die die Rollkosten optimieren sollten. Sie sollten deshalb wissen, dass es gar keine Rollkosten, verursacht durch Terminkurven, gibt. Was hier optimiert wurde, ist der Zeitpunkt der Futurerollen. Man sollte nicht in der letzten Lebenssekunde eines Futures die Rolle vollführen, auch nicht wochenlang vorher (um sicherzugehen, dass die Rolle nicht vergessen wird). Denn entweder ist der alte Future nicht liquide (also nicht genügend Marktteilnehmer handeln ihn), oder der neue ist es nicht. Deshalb gibt es optimale Rollzeitpunkte, an denen beide Futures einigermaßen liquide sind.

An den Lagerkosten ändert es nichts. Es gab sicher schon Phasen, in denen die Rohstoffe fast zehn Jahre am Stück stiegen und die Lagerkosten immer reinholten. Doch es gibt auch schwache Phasen, und dann wird es doppelt bitter: Sie haben Lagerkosten und Kursverluste.

Rohstoffe bringen keinen Zins und werfen keine Dividende ab. Ein Unternehmen mit konstanten Kosten, aber ohne Ertrag ist für die langfristige Anlage sehr kritisch zu sehen.

Bei Zertifikaten ist mit Blick auf die Partizipationsrate der Zauber schnell vorbei. Bei ETCs und ETFs lassen sich die Lagerkosten leichter als negativer Effekt in den Kurs einarbeiten.

**Terminkurven als Tradingchance?**

Das Handeln und Ausnutzen bestimmter Muster nennt man Trading. Häufig sind es kurzfristige Geschäfte. Wenn die Rohstoffe meistens im Contango sind und folglich zum Verfallstag die Differenz zwischen Futurekurs und echtem Kurs kleiner wird – lässt sich damit nicht Geld verdienen? Wenn Sie einfach den Rohstoff short gehen (es gibt selbstverständlich Zertifikate dafür), kommen Ihnen die Lagerkosten entgegen, doch wenn der Rohstoff steigt, sind Sie in der Verlustzone.

Es gibt einen Index, den CYD Market Neutral, der macht Folgendes: Er shortet den auslaufenden Monat und geht einen späteren Future long. Das macht ihn marktneutral, es ist erst mal egal, ob Rohstoffe steigen oder fallen. Der Effekt, der hier ausgenutzt wird, ist minimal und kann kaum die Transaktionskosten decken. So minimal, dass der Index gehebelt wird und den Zusatz „plus 5“ (oder mehr) erhält. Dann wird der Ertrag schon besser. Das geht so lange gut, bis es dann doch einmal eine überraschende Backwardation gibt. Wenn man dann gehebelt unterwegs ist, geht der Index in kürzester Zeit stark runter.

## Fazit für das Investment in Rohstoffen

Langfristiges Rohstoffinvestment ist schwierig. Die Lagerkosten werden in jede Art von Vehikel, egal ob Zertifikat, ETC oder ETF, eingepreist und machen die Rendite kaputt. Es ist somit langfristig ein stetiger Kursanstieg nötig, um die rohstoffspezifischen Sonderkosten abzudecken und dabei unterm Strich noch Gewinn zu machen. Bei Zertifikaten und ETCs kommt das Emittentenrisiko dazu, das bei einem Anlagezeitraum von 20 oder 30 Jahren nicht zu vernachlässigen ist.

Physische Investments würden die Lagerkosten abmildern, insbesondere wenn jemand ohnehin irgendwo ein Bankschließfach gemietet hat. Die hohe Differenz zwischen An- und Verkaufskurs macht das physische Investment nicht zu einer kurz- oder mittelfristigen Wette. Wer den Zentralbanken und Regierungen nicht traut, der kann Edelmetalle physisch als „sicheren Hafen“ zu seinen Vermögensgegenständen gesellen. Dann hat das zumindest den Zweck der reinen Werterhaltung, ob es zu Kursgewinnen führt, weiß niemand – das wäre Spekulation.

Abseits der Edelmetalle, also bei Rohstoffen, die sich bestenfalls als Tankfüllung im Auto oder Keller lagern lassen, eignet sich eine Investition höchstens kurz- bis mittelfristig. Doch selbst dabei gibt es Risiken, allein schon das Kursrisiko ist enorm. Rohstoffe sind zyklisch, steigen recht schnell und fallen in gleicher Geschwindigkeit wieder.

Möchten Sie trotzdem von immer knapper werdenden Energierohstoffen profitieren? Dann investieren Sie in Firmen, die das Lagerproblem nicht haben und von steigenden Preisen profitieren, weil sie den Rohstoff fördern oder weiterverkaufen. Ich werde hier keine konkrete Firma erwähnen, ich kann Ihnen aber sagen, dass es mittlerweile nicht nur ETFs auf Goldfirmen (Gold Bugs) gibt, sondern auch auf Profiteure der zukünftigen Öl- oder Wasserknappheit.

# *Geldmarkt, Fremdwährungen*

## Sparbuch, Tagesgeld, Festgeld

Die Zeiten, in denen es keine Zinsen mehr auf das Sparbuch gab, sind vorerst vorbei.

Tagesgeldkonten sind wieder gefragt, und selbst wenn sie in der Vergangenheit teilweise keine Verzinsung brachten, erhoben sie zumindest keinen Negativzins für Private. Im institutionellen Bereich war es lange üblich, dass Negativzinsen auf Tagesgelder genommen wurden. Hier beginnen die Einlagen jedoch auch erst ab 1 Mio. EUR, ich selbst habe für Investmentfonds schon 1 Mrd. EUR Tagesgeld anlegen müssen. Die Tagesgeldbanken konnten in Zeiten von Negativzinsen mit dem Geld gar nichts anfangen, eine Weiterveranlagung bei der EZB hätte sie Strafzinsen gekostet. Ein Investmentfonds kann übrigens kein Geld bei der EZB direkt parken, das können nur Banken.

Festgelder erwiesen sich lange Zeit auch als wenig sinnvoll. Die Laufzeit, um überhaupt einen positiven Eurozins zu bekommen, war einfach zu lang und für Fonds teilweise gar nicht erlaubt. Hätten Sie Ihr Geld einem Fonds gegeben, der es dann negativ verzinst anlegt? Mittlerweile werden Festgelder wieder verzinst und können genutzt werden, um Geld, welches eine Zeit lang nicht benötigt wird, anzulegen.

Sparbuch, Tagesgeld und Festgeld sind sogenannte Geldmarktprodukte. Das Sparbuch gibt es jedoch nur für Privatanleger.

Wenn Sie versuchen, einen Geldmarktanbieter zu finden, der deutlich mehr Zinsen anbietet als der Durchschnitt, ist das Geld entweder nicht insolvenzsicher oder es ist ein zeitlich begrenztes Lockangebot.

Das sollte Sie jedoch nicht davon abhalten, Geld als Anlage zu halten, selbst wenn es unverzinst wäre. Sollten Sie aus einer langfristigen Anlage (z.B. Aktien) aussteigen müssen, weil Sie Geld für eine unvorhergesehene Reparatur brauchen, wäre es bitter, wenn Sie sich aus einem Investment verabschieden, das momentan noch im Minus ist, langfristig aber eine gute Anlage gewesen wäre. Halten Sie für solche Fälle lieber etwas Geld als Reserve.

## Geldmarktfonds

Über Geldmarktfonds hat man früher mal gesagt, sie nutzten ihren Status als Institutionelle aus, sodass sie bessere Zinsen auf Tagesgelder bekommen als Private. Deshalb sammeln sie das Geld der Privaten, legen es gesammelt an und geben die höheren Zinsen an ihre Anteilseigner wieder zurück. Später hatte der Privatanleger das Privileg, bessere Tagesgeldkonditionen als Institutionelle zu bekommen.

Damit Geldmarktfonds bessere Renditen erzielen können, legen sie ihr Geld in kurzlaufende Anleihen an. Diese gelten auch noch als Geldmarktprodukte, weil hier nahezu keine Kursschwankungen zu erwarten sind. Da kurzlaufende Anleihen aber zeitweise auch negative Renditen abgeworfen haben, wenn sie so sicher waren wie Bundeswertpapiere, mussten zwangsläufig auch riskantere Papiere erworben werden. Wer heute einen Geldmarktfonds kauft, erwirbt also einen Rentenfonds mit kurzlaufenden Anleihen, die teilweise nicht besonders ausfallsicher sind. Schauen Sie mal in einen Halbjahres- oder Jahresbericht von einem Geldmarktfonds (die finden Sie auf den gängigen Finanzinformationsseiten) – Sie werden staunen.

## Devisen und der ausländische Zins

Als es Negativzinsen im Euroraum gab, lag es nahe, sich über eine Anlage in einer Fremdwährung Gedanken zu machen. Doch auch in Zeiten mit positiven Zinsen kann sich das lohnen. Sie wechseln Euro in US-Dollar und legen in der amerikanischen Währung verzinst an. Unabhängig davon, ob Ihre Bank Ihnen solch ein Kontomodell ermöglicht, können Sie auch Zinsertifikate kaufen, die genau diese Anlageidee wiedergeben, und das für alle möglichen Währungen.

Egal welche Form des Sammelns von ausländischen Zinsen Sie wählen, Sie tragen das Wechselkursrisiko. Steigende Zinsen stärken Währungen, denn je höher der Zins, desto größer die Nachfrage nach der entsprechenden Währung. Werden Zinsen (überraschend) gesenkt, wird die Währung schwächer. Halten Sie ein Zinszertifikat oder Geld in einer Fremdwährung und die Zinsen werden gesenkt, wird es doppelt bitter. Erstens gibt es in der Folge weniger Zinsen und zweitens ist das investierte Geld (oder gekaufte Zertifikat) durch Abwertung der Währung schlagartig weniger wert geworden.

Bei Anleihen in Fremdwährungen haben Sie die gleichen Probleme wie bei Zinszertifikaten: Fremdwährungsrisiko und Emittentenrisiko. Dazu kommt noch das Zinsänderungsrisiko, welches ich im Anleihenkapitel ausführlich beschrieben habe.

Wenn Sie sich Devisen zulegen, dann machen Sie es entweder zur Spekulation oder als Absicherung, weil Sie vielleicht skeptisch gegenüber dem Euro sind.

Der kurzfristige Handel zur Spekulation wird gewöhnlich mit sogenannten Hebelzertifikaten durchgeführt. Das hat nichts mehr mit dem „Einmaleins der Börse“ zu tun und ich habe diesem Produkt ein eigenes Buch gewidmet.

# *Immobilien, Schiffe, Medien*

Immobilien, Schiffe oder Medien haben keine Wertpapierkennnummer und werden auch nicht an der Börse gehandelt. Deshalb passen sie nicht zum „Einmaleins der Börse". Es gibt aber dafür Fonds, und wenn Sie die kaufen, landen diese in Ihrem Wertpapierdepot. Ich bin kein Experte in diesen Spezialgebieten, aber ein paar grundlegende Sachen zu den Fonds möchte ich Ihnen trotzdem mitgeben.

## Geschlossene Fonds

Ein geschlossener Fonds ist eine Projektfinanzierung, zu der es einen Businessplan gibt und bei der ein gewisser Ertrag erwartet wird. Dafür wird eine Kapitalgesellschaft gegründet, Geld eingesammelt, eine feste Anzahl an Anteilsscheinen ausgegeben und dann geht es los. Immobilien, Schiffe oder Wälder werden gekauft, ein Film finanziert und auf hohe Einspielerlöse gehofft. Während der Projektphase möchte die Kapitalgesellschaft kein Geld von Ihnen, Sie verpflichten sich umgekehrt, während der Projektphase kein Geld von der Gesellschaft abzurufen. Der Fonds ist kein Sondervermögen – geht die Gesellschaft insolvent oder das Projekt schief, ist Ihr Geld weg, es droht der Totalverlust!

## Offene Fonds

Immobilienfonds werden häufig als offenes Immobilien-Sondervermögen aufgelegt. Sie können jeden Tag Anteile erwerben und veräußern, zusätzlich ist das Vermögen sicher vor der Insolvenz der Fondsgesellschaft.

Doch was macht der Immobilienfondsmanager? Er kauft Gebäude, kassiert Miete und verkauft die Gebäude wieder. Wollen zu viele Anleger gleichzeitig aus dem Fonds heraus, hat er ein Problem. Während ein Aktienfondsmanager seinen kompletten Fonds in zwei bis drei Tagen zu 100 % liquidieren kann, kann ein Immobilienmanager das nicht. Er braucht Wochen und Monate, weshalb er immer etwas Geld für Anteilsscheinrückgaben bereithalten muss. Zu viel darf es aber auch nicht sein, denn ein zu hoher Geldpuffer schmälert die Rendite.

Ist nicht genügend Geld für Anteilsscheinrückgaben da, so müssen die Rückgaben ausgesetzt werden. Sie bekommen also für unbestimmte Zeit kein Geld! Die Liquidität ist das größte Risiko des Immobilienfondsbesitzers.

## Alternativen – Praxistipps

Sie wollen die Assetklasse Immobilien in Ihr Depot bekommen, ohne das Liquiditätsrisiko von Immobilienfonds zu haben? Dann können Sie wie bei den Rohstoffen auf Aktien, konkret auf Immobilienaktien, ausweichen. Wegen des individuellen Unternehmensrisikos ist ein ETF hier auch die vernünftigere Möglichkeit. Der Kursverlauf wird jedoch nicht in einer Linie von links unten nach rechts oben gehen, wie es bei Immobilienfonds der Fall ist. Es ist und bleibt eine Investition in Aktien.

# *Kryptowährungen*

Kryptowährungen sind digitale Währungen, die auf einer Technologie namens Blockchain basieren. Das ist quasi ein digitales Kassenbuch, das öffentlich einsehbar und fälschungssicher ist. Die bekannteste Währung? Natürlich Bitcoin. Seit die Euphorie über Kryptowährungen im Jahr 2017 richtig ins Rollen kam, ist Bitcoin fester Bestandteil der Finanzberichterstattung. Die meisten Investoren haben zumindest schon mal darüber nachgedacht, in Bitcoin oder andere Kryptowährungen zu investieren. Doch worauf ist bei einem Investment zu achten?

## Kryptowährungen kaufen und aufbewahren

Ein Unterschied zu Aktien und Fonds ist, dass Sie Kryptowährungen nicht über eine Wertpapierbörse kaufen können. Sie bilden nämlich keine Unternehmensanteile ab, so wie Aktien. Um Kryptowährungen zu kaufen, müssen Sie sich bei einem speziellen Kryptobroker oder einer Kryptobörse anmelden, bei denen Sie die digitalen Token handeln können. Die Eröffnung eines Accounts dauert für gewöhnlich nicht länger als bei einem Aktienbroker. Sobald der Account bereit ist und Sie Geld darauf überwiesen haben, kann es losgehen. Wenn Sie sich für Bitcoin interessieren, dann ist es nicht notwendig, gleich einen ganzen Bitcoin zu kaufen. Das wäre für die meisten Investoren ohnehin zu teuer. Stattdessen kann man auch Teilbeträge kaufen, beispielsweise 0,001 Bitcoin.

Bei Aktien und Fonds ist man es gewohnt, dass sich der Broker um die Aufbewahrung von Anteilen kümmert. Bei Kryptowährungen gibt es hingegen verschiedene Möglichkeiten. Zum einen können Sie Ihre Coins (so werden rein digitale Anteile an Kryptowährungen genannt) auf der Kryptobörse belassen, auf der Sie sie gekauft haben. Dies ist insofern riskant, als dass Coins an Börsen gestohlen werden können. Kryptobörsen sind nicht so stark reguliert wie Bankkonten, zudem gehen Kryptotransaktionen auch mit einer gewissen Semi-Anonymität einher. Dies können sich Hacker zunutze machen.

Alternativ können Sie Ihre Coins selbst aufbewahren. Dazu benötigen Sie eine sogenannte Wallet, also eine Geldbörse oder einen Speicherort für Ihre Kryptowährungen. Auf diese Wallet können Sie Ihre Coins übertragen und lagern. Dies ist generell sicherer, als die Coins auf einer Börse liegen zu lassen. Es gibt hier die Wahl zwischen Software- und Hardware-Wallets. Software-Wallets sind digital, man installiert sie auf dem Computer oder Handy. Hardware-Wallets hingegen sind physisch und sehen meist aus wie USB-Sticks. Gemeinhin gelten Hardware-Wallets als am sichersten, da sie nicht ständig mit dem Internet oder dem eigenen Computer oder Handy verbunden sind. Man verbindet sie nur, sobald man eine Transaktion ausführen will. Den Rest der Zeit liegen die eigenen Coins kalt, also ohne Internetverbindung, auf der Wallet. Man spricht daher auch von einer Cold Wallet. Für Investoren, die größere Beträge in Kryptowährungen stecken und langfristig halten wollen, ist eine Hardware-Wallet ratsam.

Ein wichtiger Aspekt bei der eigenen Aufbewahrung von Coins sind der Public Key und der Private Key. Das ist eine Art Schlüsselpaar, das Ihnen Zugang zu Ihren Coins ermöglicht. Es ist absolut notwendig zu verstehen, wie dieses Schlüsselpaar funktioniert, wenn Sie Ihre Coins selbst aufbewahren und nicht verlieren wollen.

Der Public Key ist wie eine Kontonummer. Jeder darf ihn sehen, und Sie können ihn bedenkenlos weitergeben. Aus dem Public Key wird die Wallet-Adresse abgeleitet, an die Ihnen jemand Coins schicken kann oder Sie sich selbst Coins schicken können, die Sie bei einer Kryptobörse gekauft haben.

Der Private Key hingegen ist Ihr Geheimschlüssel. Quasi das Passwort oder die PIN für Ihre Wallet. Wer den Private Key hat, kann über die Coins auf einer bestimmten Wallet verfügen. Wer ihn verliert, hat keinen Zugriff mehr, und wer ihn verrät, riskiert Diebstahl.

In der Kryptowelt gibt es keinen Kundenservice, der Ihr Passwort zurücksetzen kann. Sie verwahren Ihre Coins selbst und der Private Key ist der zentrale Schlüssel zu Ihrem digitalen Tresor. Ein bekannter Spruch aus der

Kryptogemeinde lautet daher: „Not your keys, not your coins“ (Nicht dein Private Key = nicht dein Geld).

## Risiken von Kryptowährungen

Dadurch, dass der ganze Bereich der Kryptowährungen noch relativ neu und deren Wert schwieriger einzuschätzen ist als der von anderen Assetklassen wie Aktien und Immobilien, schwanken die Kurse der Coins stark. Die Volatilität ist also hoch. Es kann vorkommen, dass der Preis eines Coins innerhalb eines Tages um mehr als 20 % rauf- oder runtergeht. Das sollten sich Investoren, die sich für Kryptowährungen interessieren und in ihre favorisierten Coins investieren, stets vor Augen halten.

Stellen Sie sich vor, Sie investieren Ihre gesamten Ersparnisse in Kryptowährungen, die innerhalb weniger Tage 40 % an Wert verlieren. Was würden Sie dann tun? Psychisch wäre das für die meisten Leute kaum verkraftbar. Sie würden zum falschen Zeitpunkt, nämlich bei Kurseinbruch und negativem Marktsentiment, verkaufen. Aufgrund der besonders hohen Volatilität ist es daher bei Kryptowährungen besonders wichtig, nur einen Betrag zu investieren, dessen Verlust man gut verkraften kann.

Ein weiteres Risiko ist, dass Kryptowährungen keinen intrinsischen Wert haben. Bei Unternehmen besteht der intrinsische Wert darin, dass sie etwas produzieren oder eine Dienstleistung erbringen, Mitarbeiter einstellen, wachsen und Gewinn generieren. Sie schaffen also einen wirtschaftlichen Mehrwert und haben dadurch einen intrinsischen Wert. Aktienkurse werden von diesem Wert – den Unternehmensgewinnen, den Dividenden, dem Wachstum – zum großen Teil beeinflusst.

Bei Kryptowährungen hingegen gibt es einen solchen intrinsischen Wert nicht, da ein digitaler Token nichts produziert oder keine Dienstleistungen erbringt und auch sonst keinen wirtschaftlichen Mehrwert generiert. Stattdessen ist eine Kryptowährung ein digitaler Code-Schnipsel, so wie eine Software. Daher können die Kurse der digitalen Token nicht von Gewinnprognosen oder Ähnlichem beeinflusst werden. Stattdessen wirken sich Angebot und Nachfrage, Hype, Netzwerkeffekte und die Begeisterung der Investoren für die zugrunde liegende Technologie auf die Kurse der Coins aus. Die Gewinnentwicklung eines defensiv aufgestellten und etablierten Unternehmens lässt sich oftmals abschätzen. Hype und Begeisterung lässt sich dagegen weniger gut einschätzen, daher ist der nicht vorhandene intrinsische Wert ein besonderes Risiko bei Kryptoinvestments.

Da Kryptowährungen, verglichen mit anderen Assetklassen wie Aktien oder Immobilien, recht neu sind, gibt es noch keine besonders starke Regulierung in diesem Bereich. Die Regierungen haben sich dafür entschieden, dass Innovation und Wachstum im Kryptosektor vorerst Priorität haben. Starke Regulierung und Bürokratie sollen kein Hindernis für Innovationen in diesem Bereich sein. Am Aktienmarkt gibt es strikte Regeln für Unternehmen, um gelistet zu werden und Aktien ausgeben zu dürfen. Diese Regeln haben sich über viele Jahre etabliert und sollen verhindern, dass substanzlose Unternehmen gelistet werden und für Betrügereien missbraucht werden. Bei Kryptowährungen gibt es bisher kein festes Regelwerk. Jeder kann seinen eigenen Coin kreieren und es liegt im Ermessen der Kryptobörsen, diesen Coin zu listen. Für uns Investoren bedeutet das, dass wir besonders aufpassen müssen. Denn geringe Regulierung und wenig Regeln locken naturgemäß Kriminelle an. Im Kryptobereich ist es also ein bisschen wie im Wilden Westen. Doch wie schützen Sie sich am besten vor den beschriebenen Risiken?

## Wie man sich schützt

Kryptobörsen können gehackt werden oder mit Ihrem Geld verschwinden. Sie können sich als abschreckende Beispiele die Fälle der Börsen Mt. Gox und FTX im Internet ansehen. Daher ist es, wie Sie bereits gelernt haben, ratsam, Coins in einer eigenen Wallet aufzubewahren. Der Private Key, Ihr Geheimschlüssel, ist quasi das Passwort oder die PIN für Ihre Wallet. Daher dürfen Sie ihn keinesfalls verlieren oder an andere Leute weitergeben. Ansonsten verlieren Sie den Zugang zu Ihren Coins oder riskieren Diebstahl. Verglichen mit Aktien, wird im Kryptobereich also mehr Eigenverantwortung gefordert.

Weiterhin müssen Sie sich mit den geläufigsten Betrugsmaschen beschäftigen, um diese zu erkennen und sich zu schützen.

„Verdopple dein Geld!“-Masche: „Sende 1 BTC – du bekommst 2 BTC zurück!“ Vertrauen Sie niemals auf Kryptoprojekte, die Ihnen garantierte

Renditen versprechen. Grundsätzlich gilt: Wenn es zu gut klingt, ist Vorsicht angesagt.

Rug Pulls: Ein neues Projekt macht viel Wirbel, der Coin-Preis steigt, dann verschwinden die Entwickler mit dem Geld. der Boden unter dem Projekt wird sprichwörtlich weggezogen (wie bei einem Teppich = „rug“). Recherchieren Sie vor einem Investment jedes Projekt genau und schauen Sie, ob unabhängige Prüfungen gemacht wurden.

Phishing-Webseiten: Sie bekommen eine E-Mail oder Nachricht, die aussieht wie von einer echten Kryptobörse oder Wallet. In Wahrheit führt sie auf eine falsche Seite, wo Sie Ihre Zugangsdaten eingeben und Ihre Coins dann gestohlen werden. Klicken Sie nicht auf Links aus verdächtig aussehenden E-Mails oder Nachrichten und gehen Sie stattdessen immer direkt über die URL auf Webseiten.

Eine Sicherheits-Checkliste für Kryptoinvestoren:

- Eigene Wallet zur Aufbewahrung der eigenen Coins benutzen = Sie behalten die Kontrolle über die Coins und müssen keiner Kryptobörse vertrauen.
- Private Key sicher aufbewahren und auf keinen Fall anderen Leuten verraten = Es gilt: „Not your keys, not your coins“.
- Neue Kryptoprojekte gründlich recherchieren = Schutz vor Betrug und Hypes.
- Nicht auf Links aus E-Mails oder Social-Media-Nachrichten klicken = Schutz vor Phishing.

## Worauf bei der Krypto-Recherche zu achten ist

Wenn Sie sich Coins für ein Investment heraussuchen, sollten Sie zuerst auf das Entwicklerteam schauen. Haben die Entwickler des Coins einen kriminellen Hintergrund oder machen einen unseriösen Eindruck? Dann Finger weg! Verspricht der Coin Bonuszahlungen für das Anwerben neuer Investoren oder garantiert eine regelmäßige Rendite? Dann handelt es sich wahrscheinlich um ein Schneeball- oder Multi-Level-Marketing-System und Sie sollten ebenfalls nicht investieren.

Interessierte Investoren suchen stattdessen am besten nach Coins, die einen realen gesellschaftlichen oder wirtschaftlichen Mehrwert erbringen können. Die beiden größten und bekanntesten Coins, Bitcoin und Ethereum, haben sich klar positioniert. Bitcoin ist der „Krypto-Klassiker" und Vorreiter unter den digitalen Währungen und präsentiert sich als digitaler Wertspeicher. Dadurch dass es nie mehr als 21 Millionen Bitcoin geben kann, ist der Coin nicht inflationär. So wie beispielsweise Gold, welches aufgrund der begrenzten Förderung ebenfalls nicht inflationär ist. Daher wird Bitcoin auch als digitales Gold bezeichnet. Ethereum ist eine technologische Plattform und Grundlage vieler Kryptoprojekte. Einsteiger sollten sich vor allem diese beiden bekannten Coins ansehen.

Zusammenfassend lässt sich sagen, dass der Kryptobereich der neue, wilde Player ist. Viel Potenzial, aber auch viel Risiko. Bitcoin und Co. sind eher etwas für spekulative Portfolios oder Tech-Fans. Ob ein Investment in Kryptowährungen eine große Chance bietet oder die Risiken überwiegen, muss jeder Investor für sich selbst überlegen. Jedenfalls müssen sich interessierte Investoren eingehend mit den Risiken beschäftigen. Ein Motto unter Kryptofans lautet: „Don't trust, verify" (deutsch: Vertraue nicht, überprüfe).

# *Volatilität*

Volatilität ist ein Ausdruck für die Schwankungsintensität einer Sache innerhalb eines bestimmten Zeitraums. Wie kann das eine Assetklasse sein?

## Der Optionsmarkt

Eine Option ist ein Finanzkontrakt zwischen zwei Akteuren. Dort vereinbart Partei A mit Partei B, dass sie an einem bestimmten Zeitpunkt (z. B. am dritten Freitag im Oktober um 17 Uhr) ein Produkt (z. B. Aktie XY) zu einem bestimmten Preis (z. B. 150 EUR) von B erwerben darf. Wohlgemerkt, darf und nicht muss. Denn wenn Aktie XY an dem bestimmten Zeitpunkt am Markt nur 140 EUR kostet, ergibt es für A keinen Sinn, sie über die Option für 150 EUR zu erwerben. Die Option ist wertlos. Die Option hatte zu dem Zeitpunkt, als sie vereinbart wurde, aber einen Wert. Es konnte ja keiner wissen, dass die Aktie am Markt nicht über 150 EUR steigt. Die Partei A hat an B Geld, eine Prämie, für die Option bezahlt, und B musste am Ende nichts dafür leisten.

Wäre die Aktie auf 160 EUR gestiegen, hätte B am Markt die Aktie für 160 EUR kaufen und an A zu 150 EUR liefern müssen. Ein Verlust von knapp 10 EUR wäre entstanden, etwas abgemildert durch die Prämie, die A an B zahlte.

Es gibt Kauf- (fachlich: Calls) und Verkaufsoptionen (fachlich: Puts), und sie werden in großem Volumen am Markt gehandelt, dem Optionsmarkt. Die Marktteilnehmer nutzen die Optionen, um sich zu abzusichern, mit wenig Geldeinsatz zu spekulieren oder Risikoprämien einzusammeln.

## Risikoprämien und deren Abhängigkeit von der Volatilität

Wie teuer ist eine Option? Nehmen wir an, wir haben eine Kaufoption für Aktie Z (fachlich: Basiswert) zum Preis von 100 EUR (fachlich: Strike).

Steht die Aktie gerade bei 30 EUR und die Option läuft noch vier Wochen, wird die Option fast nichts wert sein.

Steht die Aktie bei 130 EUR und in vier Wochen ist Verfall, dann wird die Option mindestens 30 EUR kosten.

Steht die Aktie bei 85 EUR und das Laufzeitende ist in vier Wochen, hängt der Preis stark von der Volatilität der Aktie ab. Läuft die Aktie seit vielen Wochen seitwärts, wird diese wahrscheinlich nicht mehr die 100 EUR bis zum Laufzeitende überschreiten. Die Option ist nur wenige Cent wert. Schwankt die Aktie aber täglich um 5 EUR, ist noch alles im Bereich des Möglichen. Die Option ist mehrere Euro wert.

Der Wert der Option hängt also stark von der Volatilität ab, denn je höher diese ist, desto wahrscheinlicher ist es, dass der Strike noch erreicht oder überschritten wird.

Denjenigen, der hofft, dass die Option den Strike nicht erreicht, nennt man Stillhalter. Je höher die Volatilität und die Wahrscheinlichkeit, dass der Strike erreicht wird, desto mehr Prämie wird der Stillhalter bekommen.

Optionen gibt es auf die meisten Assetklassen, sofern der Basiswert sich preislich bestimmen lässt, was bei einer Börsennotierung meistens der Fall ist. Lediglich bei Anleihen ist es problematisch, denn nur Staatsanleihen von Industrieländern, für die es auch Futures gibt, eignen sich für den Optionsmarkt.

## Die Nutzung als Assetklasse, Chancen und Risiken

Optionen sind für Privatanleger gefährlich, denn das Verlustrisiko ist unbegrenzt. Privatanleger können hier Haus und Hof verlieren, deshalb sollten sie dieses Instrument nur Institutionellen überlassen. Das Gleiche gilt im Übrigen auch für Futures. Wenn Privatanleger trotzdem am Optionsmarkt aktiv werden wollen, dann eignen sich Optionsscheine (als Käufer) oder

Discount Puts (als Stillhalter). Das sind Zertifikate, die das gleiche Auszahlungsprofil wie Optionen haben, Sie können diese jedoch als Wertpapiere handeln. Das heißt, Sie bezahlen Geld und können nur die bezahlte Summe verlieren. 100 % Verlust können zwar auch wehtun, aber wenn neben dem Verlust auch noch zusätzliches Geld nachgeschossen werden muss, ist das sicherlich noch schlimmer.

Als Aktienzielfondsinhaber sind Sie schneller in Optionen investiert, als Sie denken. Viele Aktienfondsmanager dürfen gemäß ihren Fondsregeln Optionen nutzen, häufig mit dem Argument, sich in Krisenzeiten schützen zu können. Das ist grundsätzlich nachvollziehbar, denn ein Aktienfondsmanager kann nicht seine Aktien komplett verkaufen, wenn es an der Börse donnert. Er kann sich entweder mit Futures absichern oder Put-Optionen kaufen. Wenn es anfängt, an den Märkten zu kriseln, erhöht sich die Volatilität an den Börsen und damit steigen auch die Optionspreise. Absichern wird sehr teuer. Fallen dann die Kurse nicht weiter an den Börsen und die Märkte erholen sich nicht, dann hat die Absicherung sehr viel Geld und Performance gekostet und der Fonds nimmt unter Umständen nicht an einer Erholung teil, solange die Absicherung noch aktiv ist. Es wird also doppelt bitter.

Aktienfonds, die als Stillhalter von Call-Aktienoptionen agieren und gleichzeitig den Basiswert besitzen, nennt man Schreiberfonds.

Beispiel: Ein Aktienfonds hat XY-Aktien, die bei 100 EUR notieren. Er verkauft jetzt Calls mit Strikepreis 120, die noch drei Monate Laufzeit haben. Dafür bekommt er eine Prämie, zum Beispiel 5 EUR. Notiert die Aktie bei 119 EUR zum Ende der Laufzeit, hat der Manager die Prämie als zusätzlichen Bonus verdient. Notiert die Aktie bei 130 EUR, so muss der Manager zwar 10 EUR wegen der Option bezahlen, seine Aktien sind jedoch gleichzeitig um 30 EUR gestiegen – er hat immer noch einen Gewinn von 25 EUR. Ohne die Option (5 EUR Prämieneinnahme, jedoch 10 EUR Nachschuss) läge sein Gewinn bei 30 EUR.

Diese Strategie schützt vor unbegrenztem Stillhalterverlust. Der Manager hat seine Optionen gesichert (fachlich: gedeckt), konnte 5 EUR zusätzlich verdienen, hat aber die Gewinnmöglichkeit seiner Aktie auf 20 EUR begrenzt.

Es gibt auch Fonds, bei denen Optionsstrategien der Kern ihres Investmentansatzes sind. Sie erkennen diese Fonds, wenn sie das Wort „Premium“ enthalten. Sie können sich jedoch auch hinter „Absolute Return“, „Market

Neutral" oder „Volatility Income" verbergen. Die Kursverläufe sehen hier häufig beeindruckend aus – bis zum nächsten Börsencrash. In den meisten Zeiten ist die Börse ruhig und die Optionsprämien sind niedrig. Damit genügend Einkommen im Fonds entsteht, muss der Fondsmanager hier Optionen mit wenig Risikopuffer kaufen. Das zieht ihn in der Crashsituation sehr schnell nach unten. Ist der Crash da, können Optionen mit mehr Risikopuffer und trotzdem lukrativen Einnahmen verkauft werden. Doch Volatilität verdoppelt sich nicht nur im Abwärtsstrudel der Märkte. Sie kann sich auch verfünffachen. Den richtigen Zeitpunkt zum Einstieg kann auch ein Fondsmanager nicht prognostizieren.

Bei den Optionsstrategien werden häufig Puts mit niedrigerem Strike verkauft und mit noch niedrigerem Strike gekauft. Das ist wichtig, um das unbegrenzte Verlustrisiko auszuschließen. Doch der Druck, permanent Performance liefern zu müssen, ist enorm. Wollen Sie in einen Fonds investiert sein, der fünf Jahre lang nur 1 bis 2 % Ertrag bringt, wenn Sie mit Aktien in der gleichen Zeit 30 bis 40 % verdient hätten? Damit durchschnittlich 5 bis 6 % jedes Jahr erreicht werden können, muss ein entsprechendes Risiko da sein, ohne geht es leider nicht.

# *Was während der Investitionsphase passieren kann*

## Spezifische Aktienereignisse

Während der Vermögensbildungsphase können Sie in der Regel nur entspannt die Füße hochlegen, wenn Sie eine Einmalinvestition in Aktien getätigt haben. Trotzdem könnten Sie hin und wieder Post von Ihrem Depotanbieter erhalten.

**Hauptversammlungen**
Sie bekommen für alle Aktien einmal im Jahr eine Einladung zur Hauptversammlung. Die können Sie annehmen, aber Sie müssen es nicht. Wenn die Versammlung in Tokio stattfindet, wäre die Reise schon enorm weit. In letzter Zeit finden aber solche Versammlungen auch online statt und verursachen keine Reisekosten.

**Aktiensplits**
Steigen Ihre Aktien und sehen optisch teuer aus, greifen Aktiengesellschaften gerne zum Mittel des Aktiensplits. Wenn bisher exemplarisch 10 Mio. Aktien ausgegeben wurden und die Gesellschaft an jeden Aktionär pro gehaltenen Anteil eine Gratisaktie ausgibt, hat die Gesellschaft am Ende 20 Mio. Aktien ausstehend. Das wiederum führt zur Halbierung des Aktienkurses, was damit bezweckt wurde. Ihre Aktie, die 400 EUR wert war, ist nun nur noch 200 EUR wert. Sie halten jetzt aber doppelt so viele Aktien im Depot, es ist Ihnen kein Verlust entstanden. Aktiengesellschaften machen das, weil Aktien, die bei 200 EUR notieren, lieber gekauft werden und besser

gestückelt werden können als Aktien, die 400 EUR kosten. Wer 1.000 EUR zur Verfügung hat, kann nun in fünf Aktien voll investieren, vorher wären es höchstens zwei Aktien und nur 800 EUR gewesen.

**Kapitalerhöhungen**

Auch Kapitalerhöhungen kann es geben. Das Unternehmen gibt hierbei Bezugsrechte für neue Aktien aus, die man aber nicht gratis bekommt. Hier muss man die Aktien kaufen, wenn man die Bezugsrechte ausübt. Das bedeutet weitere Investitionen. Sie können aber auch die Bezugsrechte nicht ausüben oder über Ihre Bank verkaufen lassen, sofern sie einen Wert haben. In der Regel erhalten Sie Post, in der alles verständlich erklärt werden sollte.

**Abfindungsangebote, Fusionen**

Bei einer langen Haltedauer von Aktien können noch andere Sachen passieren. Diese alle zu erläutern, würde den Rahmen sprengen. Aber es kann passieren, dass jemand Ihnen ein lukratives Angebot (Übernahmeangebot) für Ihre Aktien macht. Es könnte sein, dass Aktien zwangsabgefunden werden, weil jemand fast alle Anteile der Firma hat und ihm, überspitzt formuliert, nur noch Ihre fehlen und das Unternehmen von der Börse genommen werden soll. Was auch immer kommt, Ihre Bank ist verpflichtet, Ihnen per Post alles verständlich zu erklären. Sollte es zu Zwangsabfindungen (englisch: Squeeze-out) kommen, haben Sie das Geld für die Aktie erhalten und Sie sind nicht mehr investiert.

## Spezifische Fondsereignisse

Wenn Sie ETFs oder Zielfonds haben, brauchen Sie sich nicht mit Kapitalmaßnahmen zu beschäftigen. Es gibt allerdings andere Ereignisse, die eintreten können.

**Fondsschließungen oder Fusionen**

Zielfonds können aufgelöst werden. Entweder weil alle Investoren ihre Anteile zurückgegeben haben oder weil die administrierende Kapitalverwaltungsgesellschaft den Fonds kündigt, ohne dass eine andere Gesellschaft ihn übernimmt. Manchmal fusionieren Fonds auch. Meistens passiert das, wenn die Performance eines Zielfonds in der Vergangenheit so schlecht war, dass ihn niemand mehr kauft oder er zu klein geworden ist. Im Fall einer Schließung bekommen Sie den letzten Anteilspreis ausgezahlt, falls Sie nicht schon vorher verkauft haben.

Tipp: Bleiben Sie für den Fall der Schließung nicht bis zum letzten Tag im Fonds investiert. Sie bekommen von Ihrer Bank rechtzeitig Bescheid über die Auflösung. In den letzten Tagen seines Lebens wird der Fonds viele Verkäufe tätigen und Kosten verursachen. Diese drücken den Fondspreis, damit zahlen Sie indirekt für die Gebühren der Auflösung.

Auch ETFs können schließen, zum Beispiel, wenn sich der dahinterliegende Index nicht mehr abbilden lässt oder der Fonds zu klein geworden ist. Hier bekommen Sie das Fondsvermögen auch anteilig ausgezahlt.

**Aussetzung der Rückgabe von Anteilsscheingeschäften**
Sollte ein Fonds massive Geldabflüsse haben und diese nicht durch den Verkauf seiner Assets bedienen können, so können Anteilsscheingeschäfte ausgesetzt werden. Das war in der Vergangenheit häufig bei Immobilienfonds der Fall oder bei anderen Fonds, die wiederum in Immobilienfonds investiert waren.

Aber auch ein Aktienfonds, der zu 100 % in Aktien investiert ist, kann in Probleme geraten. Ist dieser in kleine Unternehmen investiert (fachlich: Small Caps), braucht er Tage bis Wochen, bis er seine Werte marktschonend veräußert hat. Dann müssen Sie sicherlich nicht Monate oder Jahre warten wie bei einem Immobilienfonds, doch wenn Sie übermorgen Geld brauchen, kann das ärgerlich sein.

## Gebührenänderung in Ihrem Wertpapierdepot

Bevor Sie entschieden haben, welche Bank Ihr Wertpapierdepot führen darf, haben Sie vermutlich Preise verglichen. Vielleicht haben Sie auch bestimmte ETFs ausgesucht, weil sie kostenlos über einen Sparplan erwerbbar waren. Was ein Sparplan ist, werde ich später genauer erklären. Manchmal war etwas kostenlos, und im Kleingedruckten stand, dass dies nur für eine bestimmte Zeit gilt. Die Grundgebühren für das Depot ändern sich nicht still und heimlich, darüber werden Sie informiert. Einzelne Produkte, die vielleicht eine Zeit lang im Angebot waren, können sich jedoch bezüglich der Gebühren ändern. Wenn Sie dann 20 Jahre lang 1,5 % Ordergebühr auf einen Sparplan bezahlen, den andere kostenlos anbieten, kann es richtig ins Geld gehen. Oder ein Zielfonds hatte eine Zeit lang keinen Ausgabeaufschlag und plötzlich gibt es wieder einen.

Tipp: Schauen Sie wenigstens einmal im Jahr auf die Abrechnungen, um zu prüfen, ob die Gebühren noch so sind, wie Sie es erwartet haben, und ob eine Konkurrenzbank nicht besser ist. Falls die Konkurrenzbank besser ist, wechseln Sie! Es ist einfacher, als ein Konto umzuziehen, und meistens wird das von der aufnehmenden Bank prämiert. Es könnte jedoch sein, dass die neue Bank nicht die gleichen Fonds im Angebot hat, das sollten Sie vorher prüfen. Die größten und wichtigsten ETFs haben in der Regel alle Anbieter im Angebot.

## Bei wem Sie das Depot eröffnen sollten

Haben Sie sich entschieden, in welche Assetklassen Sie investieren möchten? Dann können Sie sich nun detailliert darüber Gedanken machen, welche Bank für Ihre Bedürfnisse am besten geeignet ist. Sollten Sie monatliche Sparraten in ETFs planen, schauen Sie, welche Banken das kostenlos anbieten. Manchmal bieten Banken das nur für konzerneigene Produkte unentgeltlich an, in diesem Fall müssen Sie schon zu Beginn prüfen, ob Ihre Vorstellungen von den Investitionen seitens der Bank umgesetzt werden können.

Investieren Sie in Aktien und kaufen Sie diese regelmäßig nach, achten Sie auf die Brokergebühren. Diese sollten maximal 1 bis 1,5 % von Ihrer erwarteten Ordergröße ausmachen. Also nicht mehr als 15 EUR bei einer Ordergröße von 1.000 EUR. Kaufen Sie nur einmal Aktien und lassen diese über Jahre im Depot liegen, können Sie grundsätzlich auch über Ihre Hausbank für 60 EUR Ordergebühr die Investition durchführen lassen. Doch passen Sie auf, dass Ihr Depot nicht noch zusätzlich Gebühren im Monat kostet, denn das wird, über Jahre gesehen, teuer.

Ich kann es auch nachvollziehen, wenn Sie einen Bankberater über Ihre Pläne schauen lassen wollen und Sie gerne fortlaufend betreut werden, wenn es Ihnen die teurere Gebühr wert ist. Mit meinem Buch habe ich Sie mit dem „Einmaleins der Börse" ausgerüstet und Ihnen das Handwerkszeug gegeben, selbstbewusst und klug handelnd gegenüber Ihrem Betreuer aufzutreten. Ebenso haben Sie das Handwerkszeug, um Ihr Depot zu kontrollieren, auszubauen oder zu verbessern.

Bei Neobrokern liegt die Ordergebühr für ETFs, Aktien oder Anleihen nur bei 1 EUR oder es gibt Flat-Modelle, bei denen Sie nichts zahlen müssen. Die Orders lassen sich dann aber nur über Nebenbörsen ausführen und nicht über die Hauptbörsen wie Xetra. Preislich ist das kein großer Nachteil, das größte Risiko liegt hier darin, dass Produkte, die Sie gekauft haben, auf einmal gar nicht mehr an der Börse handelbar sind. Sie können also nicht mehr verkaufen. Die Neobroker werden schnellstmöglich einen alternativen Orderweg einrichten, doch bis der steht, sind unter Umständen ein paar Tage vergangen.

# *Vorbereitung für die Praxis*

Mit diesem Praxiskapitel möchte ich Ihnen die Hemmungen nehmen, mit dem Investieren anzufangen. Ich möchte Ihnen Mut für den Einstieg an der Börse machen und die wichtigsten Börsenlektionen mitgeben. Ziel soll es sein, dass Sie sich eine Investition aufbauen, die Ihnen die Chance gibt, Ihr finanzielles Vorhaben zu erreichen. Da Sie auf dem Weg dahin zwangsläufig auch mit Börsencrashs konfrontiert werden, möchte ich Sie resistent gegen die unangenehmen Seiten der Börse machen. Zunächst überzeuge ich Sie, dass die Börse für den Vermögensaufbau sinnvoll ist, zudem möchte ich klären, woher die Renditeerwartung überhaupt kommt. Ich zeige Ihnen dann aber auch die wichtigsten Voraussetzungen für die Vermögensbildung.

## Woher kommen die Renditeerwartungen für Aktien?

Dem Aktienmarkt wird eine historische Durchschnittsrendite in Höhe von ungefähr 8 % bescheinigt. Ergibt diese Zahl auch zukünftig Sinn?

Wenn ich mein Geld risikolos für 3 % Rendite am Geldmarkt, also als Tagesgeld, anlegen kann und mit mehr Risiko 5 bis 6 % am Anleihenmarkt erhalte, dann muss die Rendite für Aktien höher sein. Ist sie das nicht, ist es sinnlos, in Aktien zu investieren. Dann ist es besser, Anleihen zu kaufen, dort bekommt man am Ende einer Laufzeit den Nominalwert der Anleihe zurückgezahlt, sofern der Schuldner nicht bankrott ist. Er kann also jahrelang Verluste machen und ich bekomme mein Geld ohne Verlust trotzdem wieder zurück. Das sieht beim Aktienmarkt ganz anders aus, dort können die Kurse fallen. Daher muss meine Rendite im Durchschnitt höher sein und deshalb reagiert der Aktienmarkt so empfindlich auf Zinserhöhungen von den Zentralbanken.

Zinssenkungen haben wenig mit der Anregung zu Investitionen zu tun, wie es uns vielleicht in Wirtschaftslehrbüchern erklärt wurde. Wenn heute die Zentralbank ihren Zins überraschend um einen halben Prozentpunkt senkt, weiß niemand, ob alle Unternehmen sofort anfangen zu investieren und diese Investitionen sich positiv auf die Unternehmensgewinne auswirken. Der Anleihenmarkt wird sofort reagieren, genauso wie der Kurs der jeweiligen Landeswährung. Die Implikationen einer Zinssenkung sind für die fairen Renditen eines finanziellen Vermögensgegenstands in der Theorie gut ausrechenbar. In der Praxis spielen die Zinserwartungen für spätere Zeiträume eine noch größere Rolle. Sicher kalkulierbar sind die Renditen am Anleihenmarkt somit auch nicht.

Die Renditen des Aktienmarkts müssen höher als die des Anleihenmarkts sein, ansonsten erscheint eine Investition darin sinnlos. Das Kursrisiko ist viel höher und muss in Form einer Risikoprämie entlohnt werden. Aktiengesellschaften werden mittel- bis langfristig nur existieren können, wenn sie eine Rendite abwerfen, die über der des Anleihenmarkts liegt.

Schafft es eine Aktiengesellschaft nicht, diese Rendite für den Investor zu erzielen, sinkt ihr Wert, also der Aktienkurs, so lange, bis eine marktübliche Rendite erreicht werden kann. Der Aktienkurs wird dann so günstig, dass neu investierende Aktionäre die erforderliche Rendite wieder erreichen.

Da meine Aussage jetzt möglicherweise zu theoretisch war, möchte ich ein stark vereinfachtes Beispiel aufführen:

Wir haben einen Aktienkurs von 100 EUR und die Gesellschaft macht einen Gewinn von 4 EUR pro Aktie. Das ist dann eine Rendite von 4 %. Die Rendite ist nicht attraktiv für Anleger, wenn es am Markt risikolos bereits 4 % Zinsen gibt. Liegt der Kurs bei 50 EUR, dann würde der Gewinn von 4 EUR zu einer Rendite von 8 % führen. Dann ist die Aktie attraktiv, obwohl sie weiterhin nur 4 EUR Gewinn pro Aktie erzielt.

Im Schnitt wird der Aktienmarkt langfristig eine Rendite abwerfen müssen, die höher als die des Anleihenmarkts ist. Schafft er das nicht, muss die Zentralbank die Zinsen senken, sonst lohnen sich Investitionen für Aktiengesellschaften nicht. An dieser Stelle hat ein Wirtschaftslehrbuch, was die Auswirkungen des Zinses betrifft, dann doch recht. Hohe Zinsen können langfristig den Aktienkursen schaden und die Börsen preisen Zinserwartungen ein.

Wenn Sie in Crashzeiten investieren, locken höhere Renditen als in Phasen, an denen die Börse ein Rekordhoch nach dem anderen vermeldet. Nach Crashs sind die Bewertungen von Aktien häufig irrational niedrig. Hier können Kurse eines Unternehmens bei 50 EUR liegen, obwohl sie 8 EUR pro Aktie Gewinn erzielen. Die Aktien zu finden, bei denen die Gewinne auch zukünftig erzielt werden, ist jedoch alles andere als ein Kinderspiel. Es ist deshalb auch in Krisenzeiten ratsam, nicht alles auf eine Einzelaktie zu setzen, sondern breit gestreut und damit risikoarm zu agieren.

## Warum man an der Börse gewinnen muss

Der Zweck eines privaten Unternehmens muss immer der kontinuierliche Gewinn sein. Es mag die Bevölkerung mit lebensnotwendigen, wichtigen Dingen versorgen, Menschen glücklich machen, vielleicht sogar Leben retten, doch es kann dies nie selbstlos tun. Es wird Mitarbeiter brauchen, die nicht kostenlos arbeiten können. Geräte, Infrastruktur und Verwaltung werden benötigt, ebenso wie Bildung, Lizenzen und Rohstoffe.

Ein Unternehmen kann nur existieren, wenn es mindestens seine Kosten durch Erlöse deckt. Zu den Kosten gehört auch die Vergütung des Besitzers. Ist die Vergütung für den Besitzer nicht adäquat, so wird er das Unternehmen nicht fortführen. Was adäquat ist, kann subjektiv sein, doch es ist zum größten Teil objektiv. Subjektiv ist das Gefühl von Reichtum. Objektiv ist die Tatsache, dass der Besitzer auch Geld für seinen Lebensunterhalt braucht oder dass er seine Investitionen auch außerhalb des eigenen Unternehmens für eine höhere Rendite tätigen könnte.

Wenn dem Unternehmer seine Vergütung nicht zur Deckung seiner privaten Kosten reicht, könnte er auch sein Unternehmen schließen und als Angestellter bei einer anderen Firma arbeiten. Sollte ein Unternehmen nicht dauerhaft einen adäquaten Gewinn machen, wird es insolvent gehen und letztendlich schließen müssen.

Als Aktionär ist man indirekt Unternehmer. Man besitzt einen Teil eines Unternehmens, wählt auf der Jahreshauptversammlung den Aufsichtsrat und dieser wiederum bestimmt den Vorstand. Je mehr Anteile jemand an einem Unternehmen besitzt, desto mehr Mitspracherecht hat er bei der Zusammensetzung des Aufsichtsrats. Der Aktionär kann sich selbst hineinwählen und den Vorstand bestimmen. Über diesen indirekten Mechanismus ist der Aktionär für den Erfolg seines Unternehmens verantwortlich.

Was passiert mit den Gewinnen der Aktiengesellschaft? Sie können in Form einer Dividende an den Aktionär ausgeschüttet werden oder sie werden einbehalten und machen das Unternehmen in seiner Substanz wertvoller.

Wird die Dividende gezahlt, macht die Ausschüttung in dem Augenblick das Unternehmen weniger wertvoll, denn das Geld geht aus der Kasse der Aktiengesellschaft heraus. Der Aktienkurs sinkt, doch der Aktionär wird durch die Zahlung dafür entschädigt.

Bleibt der Gewinn im Unternehmen, erhält der Aktionär nichts, sein Anteil am Unternehmen, also der Aktienkurs, bleibt dafür wertvoll. Theoretisch könnten Aktionäre über den Aufsichtsrat einen Vorstand bestimmen, der das Unternehmen abwickelt und die Aktionäre ausbezahlt. Es ist somit egal, ob eine Aktie Dividende zahlt oder das Geld einbehält. Es geht den Aktionären nichts verloren.

Anders sieht es aus, wenn ein Unternehmen Verluste macht. Können Kosten nicht mehr durch Erlöse gedeckt werden, muss es sich verschulden, also Anleihen ausgegeben und möglicherweise Kapitalerhöhungen durchführen. Eine Kapitalerhöhung bedeutet, dass Aktionäre zusätzliches Geld investieren müssen. Es ist auch möglich, dass die Substanz verkauft wird und das Unternehmen sich verkleinert. Letzteres ist nicht gut für den Aktienkurs, da der Anteilswert sich verringern wird. Doch wenn das Unternehmen gar nichts unternimmt, geht es insolvent, und das wäre für den Aktionär das denkbar schlimmste Szenario.

Eine Investition in ein Unternehmen, das kontinuierlich und über einen langen Zeitraum Gewinne erzielt, macht zwangsläufig in der Theorie den Aktionär zum Gewinner, denn es wird Vermögen angehäuft, an das er beteiligt ist. Und kontinuierliche Gewinne sind der Hauptzweck eines jeden Unternehmens an der Börse.

In der Praxis kann das anders aussehen. Wenn der Markt in den nächsten Jahren traumhafte Gewinne für eine Aktiengesellschaft erwartet, steigt die Nachfrage nach der Aktie – die Aktie wird teuer. Wird die Aktie gekauft und die traumhaften Gewinne treten nicht oder nur teilweise ein, so wird der Kurs fallen. Dann wird man als Aktionär zum Verlierer, obwohl die Aktiengesellschaft permanent Gewinne macht.

Die Kunst der Aktienauswahl besteht darin, Unternehmen zu finden, die in den nächsten zehn bis 20 Jahren kontinuierlich überraschend Gewinne erzielen. Sind die Gewinne nicht überraschend, so wird sich der Zukunftsgewinn schon heute im Aktienkurs widerspiegeln.

An dieser Stelle muss ich jetzt leider sagen, dass niemand gesichert eine Gewinnprognose zu einem Unternehmen für die nächsten Jahrzehnte stellen kann, kein Fondsmanager und auch nicht Warren Buffett. Auch Aktienkennzahlen wie KGV oder Dividendenrendite können das nicht, denn am Ende zählt nur eins – die Gewinnerwartung. Wird die Gewinnerwartung übertroffen, war die Aktie ein guter Kauf. Werden die Erwartungen verfehlt, war es ein Fehlgriff, egal was die anderen Aktienkennzahlen ausgesagt haben.

## Erfolgsfaktor Streuung

In Aktien zu investieren, kann wie Lotterie sein, wenn nur auf einzelne Werte gesetzt wird. Wie im Lotto kann man an der Börse zwar gewinnen, die meisten Spieler werden aber verlieren. Selbst wenn jemand vor sehr langer Zeit eine Einzelaktie wie Amazon oder Apple gekauft hat, kann das für ihn sehr unangenehm werden. So schön es auch sein mag, aus 10.000 USD 10 Mio. USD gemacht zu haben, solange die Gewinne nicht realisiert sind, kann morgen die Hälfte oder noch mehr schon wieder verloren sein. Ein Börsencrash reicht dafür aus. Wer hingegen stetig Gewinne realisiert, hat die Aktien vielleicht schon verkauft, als aus 10.000 USD 100.000 USD geworden sind, und sich Jahre später geärgert, sie zu früh abgestoßen zu haben. Den richtigen Zeitpunkt für Einstieg und Ausstieg sowie die beste Aktie zu finden, ist nahezu unmöglich.

Wenn Sie an der Börse dauerhaft gewinnen wollen, werden Sie einen großen Korb voller Aktien benötigen. Diese dürfen nicht aus der gleichen Branche und am besten nicht aus dem gleichen Land sein. Wenn der Korb groß genug ist, wird sich sehr wahrscheinlich darin die Amazon- oder Apple-Aktie von morgen befinden. Diese Aktien werden das Gesamtergebnis des Korbs so stark pushen, dass die restlichen Aktien im Verlierer-Körbchen sein können und es trotzdem einen positiven Gesamtertrag gibt.

Warren Buffett hat 400 verschiedene Aktien in seinem Leben besessen, reich geworden ist er aber nur mit einigen wenigen von diesen. Der einfachste und möglicherweise effektivste Weg, einen Aktienkorb zu haben, ist die Investition in Indizes mittels ETFs. Indizes sind Körbe und sofern es nicht Branchen- oder Themenindizes sind, sind sie gut diversifiziert. Gut diversifiziert heißt, dass die Mitglieder eines Index aus unterschiedlichen Branchen und am besten noch aus unterschiedlichen Ländern stammen.

Wir können nicht gesichert wissen, welche Branche, welches Land oder gar welche Einzelaktie sich kurz- bis mittelfristig an der Börse positiv entwickeln wird. Ein Index hat die Gewinner und Verlierer von morgen bereits in sich. Die Gewinner treiben den Index nach oben und die Verlierer bremsen den Aufstieg etwas ab. Die Verlierer ruinieren aber nicht das Gesamtergebnis. Entwickelt sich eine Aktie zum dauerhaften Verlierer, verlässt sie den Index und eine neue wachsende Aktiengesellschaft tritt dafür ein. Ein Index spekuliert nicht und er ist nicht empfänglich für börsenpsychologische Fehler. Er behält stets die Nerven. Das ist an der Börse vielleicht die wichtigste Eigenschaft, um dauerhaft Gewinne zu machen. Die ETF-Industrie hat alle Indizes für Privatanleger investierbar gemacht. Der ETF ist für Privatanleger die wichtigste Innovation am Finanzmarkt aus den letzten 20 Jahren. Man braucht keine Aktien zu analysieren und schlägt mit einem ETF diejenigen, die stets versuchen, die Top-Aktie von morgen zu finden.

Ich werde in den Folgekapiteln beschreiben, wie Sie einen ETF als Grundbaustein für Ihren Vermögensaufbau nutzen können, denn die wenigsten Anleger sind in der Lage, zu Beginn der Investitionsphase ein breit gestreutes Portfolio mit Aktien aufzubauen. Dafür ist die benötigte Investitionssumme einfach zu groß.

Da Sie vielleicht noch nie ein Wertpapierdepot hatten und sich vor der Eröffnung scheuen, folgt nun ein Kapitel, das Ihnen einen Leitfaden für die erste Depoteröffnung gibt.

## Depoteröffnung für absolute Einsteiger

Wenn Sie schon ein Onlinedepot haben und dort bereits eine Wertpapierorder aufgegeben oder einen Sparplan angelegt haben, so können Sie dieses Kapitel überspringen; es sei denn, Sie möchten Anleihen kaufen und haben das noch nie gemacht. Dann blättern Sie bitte zum Punkt „Stückzahl versus Nominale" vor.

Für die anderen werde ich hier die Vorgehensweise erklären. Diese versuche ich allgemein zu halten, sodass sie für alle Onlinebroker anwendbar ist. Sie brauchen dafür einen Computer mit Internetanschluss, eine E-Mail-Adresse, ein Mobiltelefon, Ihren Personalausweis und Ihre Steueridentifikationsnummer. Erfahrungsgemäß sind die ersten vier Sachen kein Problem. Die Steuernummer wird für die Abgeltungsteuer benötigt, Sie finden diese auf Ihrem letzten Steuerbescheid. Häufig kann das Depot auch erst einmal ohne diese Nummer eröffnet werden, es ist dann ausreichend, wenn die Nummer später nachgetragen wird.

Bei welchem Broker Sie eröffnen sollten, hängt davon ab, was Sie vorhaben zu handeln. Es macht einen Unterschied, ob Sie Aktien, ETFs oder Anleihen kaufen oder einen ETF-Sparplan abschließen wollen.

Auf meiner Webseite www.mariso-akademie.de/wertpapierdepot/ habe ich einige Broker für die jeweiligen Bedürfnisse aufgeführt.

### Die ersten Klicks zur Eröffnung

Sind Sie auf der Depoteröffnungsseite im Internet, so wird es nicht schwer sein, eine Schaltfläche zu finden, die „Jetzt Depot eröffnen" oder so ähnlich heißt.

Dann werden Sie entweder eine E-Mail-Adresse verifizieren müssen oder dürfen schon direkt Ihre Daten eingeben.

Es gibt, regulatorisch bedingt, einige Fragen, die der Broker Ihnen stellen muss: wie hoch Ihr Vermögen ist, wie viele Geschäfte Sie planen und was Ihre Vorkenntnisse sind. Sollten Sie sich bei den Vorkenntnissen als absoluter Anfänger outen, so kann es sein, dass der Broker bestimmte Wertpapiergeschäfte ablehnt. Wenn Sie jedoch mein Buch gelesen und verstanden haben und vor allem auch das Verlustrisiko kennen, so können Sie Kenntnisse in Aktien, Renten und ETFs angeben. Bitte kreuzen Sie nicht Hebelprodukte, CFDs, Optionsscheine, Futures oder Optionen an. Dafür habe ich ein eigenes Buch geschrieben („Das Einmaleins der Hebelzertifikate, CFDs und Optionsscheine") – und das ist definitiv nichts für Anfänger!

**Referenzkonto**

Es kann sein, dass Sie bei Ihrem Broker während der Eröffnung ein Referenzkonto anlegen müssen: Das ist das Konto, von dem Ihre Wertpapierkäufe abgebucht werden, sofern dort Geld vorhanden ist. Auf das Konto fließen später Ihre Erträge (beispielsweise Dividenden, Zinsen, Ausschüttungen, Verkäufe).

Grundsätzlich kann das Referenzkonto auch Ihr bisheriges Girokonto, also bei einer anderen Bank, sein, meist wird aber die Referenzkonto-Eröffnung beim Broker verlangt.

Wenn das Referenzkonto beim Broker eröffnet wurde, braucht dieses jedoch auch eine Verbindung zu Ihrem Girokonto für spätere Auszahlungen. Das wird alles bei der Depoteröffnung eingerichtet, es ist nicht kompliziert.

Das Referenzkonto hat eine eigene IBAN. Dorthin können Sie Geld überweisen, welches Sie für Ihre Investitionen ausgeben möchten.

**Identifizierung**

Wenn Sie sich durchgeklickt und alles ausgefüllt haben, müssen Sie sich identifizieren. Da mittlerweile fast jeder ein Smartphone mit Kamera hat, kann es sein, dass das früher gängige Postident-Verfahren gar nicht mehr oder nur optional angeboten wird. Mittlerweile bekommen Sie eine E-Mail, welche Sie am besten auf Ihrem Smartphone öffnen, in der ein Link zur Identifizierung anzuklicken ist.

Bei der Identifizierung werden Sie einen Videochat mit einem echten Menschen führen. Halten Sie dafür Ihren Ausweis bereit, Sie werden ihn vor der Kamera mehrfach drehen und wenden müssen. Da Sie dort mit einem Menschen sprechen, wird er Ihnen helfen können, falls es Probleme gibt.

Wenn die Eröffnung durch ist, werden Sie in der Regel nach zwei bis drei Tagen Post vom Broker mit den Zugangsdaten bekommen. Aus Sicherheitsgründen werden zwei verschiedene Briefe an unterschiedlichen Tagen kommen, sodass Ihr Depot nach ungefähr einer Woche eröffnet sein sollte.

**Die Wertpapierauswahl**

Die Plattform des Onlinebrokers sollten Sie nicht nutzen, um Aktien, Anleihen oder ETFs zu finden. Gerade im Bereich der ETFs wird Sie die Plattform nur zu den hauseigenen Produkten lotsen.

Besser, Sie haben eine Wertpapierkennnummer (WKN) parat, die Sie sich vorher auf einer anderen Finanzseite (beispielsweise justetf.com, finanzen.net, onvista.de) herausgesucht haben.

**Die Sparplaneinrichtung**

Ein Sparplan ist ein regelmäßiger Kauf, der üblicherweise monatlich zum selben Tag stattfindet. Dabei können ETFs, Zielfonds oder Aktien erworben werden. Damit können Sie mit dem Investieren beginnen, auch wenn Sie noch keine größere Summe zur Verfügung haben, mit der Sie sofort starten können. Sie erwerben im Intervall immer mehr Anteile eines Investitionsobjekts und können es irgendwann in einer Transaktion verkaufen.

Die Vorgehensweise für eine Sparplaneinrichtung kann von Broker zu Broker unterschiedlich sein. Eine mögliche Variante ist, dass Sie eine Schaltfläche haben, die „Wertpapier-Sparen", „Sparpläne", „ETF-Sparplan" oder ähnliche Bezeichnungen hat. Es ist auch möglich, dass Sie in die Wertpapiersuche gehen und dort die gewünschte Wertpapierkennnummer eingeben. Dann wird Ihnen das Wertpapier angezeigt und Sie können dort ablesen, ob Sie das Papier mit einem Sparplan kostenlos besparen können. ETFs würde ich selbst nur in einen Sparplan aufnehmen, wenn sie kostenlos bespart werden können. Auf der Wertpapier-Übersichtsseite befindet sich häufig wieder eine Schaltfläche, die zur Einrichtung des Sparplans mit genau diesem Papier führt.

Ist das Wertpapier ausgewählt, werden Sie gefragt, ob das Papier zweiwöchentlich, monatlich oder jährlich gekauft werden soll. Sie müssen die Sparrate angeben und können, falls gewünscht, eine Dynamisierung einstellen. Das heißt, die Sparrate wird jedes Jahr prozentual erhöht.

Zusätzlich sollen Sie entscheiden, an welchem Tag der Sparplan ausgeführt wird. Bitte nehmen Sie nicht den Monatsersten, denn das machen die meisten der Anleger. Deshalb steht, statistisch gesehen, um den Monatswechsel die Börse höher als zur Monatsmitte, denn auch bei einem Sparplan ist ein Käufer an der Börse, der die Kurse stützt.

**Die Order**

Selbst wenn Sie nie Aktien kaufen werden, weil Sie einen ETF-Sparplan haben, müssen Sie irgendwann eine Verkaufsorder stellen. Das passiert dann, wenn Sie den Sparplan oder Teile davon auflösen, also zu Geld machen. Dann verkaufen Sie den ETF mit einer Verkaufsorder. Diese ist nicht kostenlos, deshalb sollten Sie zu kleine Ordergrößen vermeiden. Sie zahlen sonst eine Mindestgebühr von vielleicht 10 EUR, die, prozentual gesehen, teuer ist.

Sie gehen in Ihre Depotansicht beim Broker, klicken auf den ETF, den Sie loswerden möchten, und drücken auf die Schaltfläche „verkaufen". Dann werden Sie nach der Stückzahl gefragt, denn vielleicht wollen Sie nur einen Teil verkaufen.

Sie werden aufgefordert, einen Limittyp einzugeben. Entweder Sie geben einen gewünschten Verkaufspreis ein und bestimmen, wie lange dieser gültig ist, oder Sie verkaufen „market" oder „bestens". Bei „market" oder „bestens" wird die Order schnellstmöglich zum aktuellen Börsenverkaufspreis ausgeführt.

Dann sollten Sie einen Börsenplatz auswählen, alternativ können Sie direkt bei der Fondsgesellschaft, dem Emittenten, verkaufen. Börsenorders verursachen Gebühren, Emittentenkurse können schlechter als die Notierungen an der Börse sein. Damit gibt es keine allgemeingültige Regel, was man auswählen sollte. Falsch machen können Sie mit Ihrer Wahl also nichts.

Prüfen Sie dann noch einmal die Order, ob Sie sich auch nicht vertippt haben. Meistens wird der Broker Ihnen den finanziellen Gegenwert als Sicherheit anzeigen. Danach geben Sie eine TAN ein, dies läuft meistens über eine Handy-App, und die Order ist platziert.

Wichtig: Auch wenn Sie sofort den Kurs bekommen, erscheint das Geld erst zwei Tage später auf dem Referenzkonto. Vorher werden Sie es von dort auch nicht wegüberweisen können. Planen Sie das unbedingt mit ein, falls Sie ETFs aus Liquiditätsgründen verkaufen möchten.

**Stückzahl versus Nominale**

Wenn Sie Aktien, ETFs oder Zertifikate kaufen, geben Sie in der Order die gewünschte Stückzahl ein.

Da Anleihen nicht stück-, sondern prozentnotiert sind, geben Sie dort eine Nominale ein, beispielsweise 10.000 EUR. Notiert die Anleihe bei 95, so werden Sie 9.500 EUR zuzüglich Gebühren für die Order bezahlen. Notiert die Anleihe bei 100 und Sie sollen trotzdem mehr als 10.000 EUR bezahlen (unabhängig von Gebühren), so sind sogenannte Stückzinsen dazugekommen. Stückzinsen sind eine Kompensation von Ihnen an denjenigen, dem Sie die Anleihe abkaufen, da dieser am Tag der Zinszahlung vom Emittenten nicht mehr Inhaber ist. Der Verkäufer hatte aber die Anleihe vor Ihnen besessen, trug das Risiko der Emitteninsolvenz und muss entlohnt werden.

Es wäre unfair, wenn Sie einen Tag vor der Zinszahlung eine Anleihe kaufen und am nächsten Tag 5 % Zinsen ausbezahlt bekommen. Sie handeln an der Börse, kaufen somit immer einem anderen Marktteilnehmer die Anleihe ab, der die Zinszahlung nicht mehr erhält. Deshalb muss dem Marktteilnehmer ein Stückzins gezahlt werden.

Am besten schauen Sie insbesondere bei Anleihen immer genau auf den Betrag, den Sie zahlen müssen und den Ihnen der Broker stets ausweisen sollte. Dann sind Sie auf der sicheren Seite.

Zum Schluss kommt noch der Hinweis auf den Freistellungsauftrag. Sie sollten bei Ihrem Broker einen stellen, sofern er nicht bei anderen Konten von Ihnen ausgeschöpft wurde. Das findet man meistens im Menü unter der Rubrik Verwaltung. Ansonsten wird bei jeder Zinszahlung einer Anleihe, einer Dividende durch die Aktie oder bei realisierten Kursgewinnen eine Abgeltungsteuer fällig.

# *Der Weg zum Vermögen*

Ich habe Sie mit dem kleinen „Einmaleins der Börse“ ausgerüstet. Jetzt wollen wir es in die Praxis umsetzen. Wir erarbeiten nun der Reihe nach einen Vermögensfahrplan, und ich werde die Fachbegriffe benutzen. Diese habe ich in den vorangegangenen Kapiteln an entsprechender Stelle erklärt. Sollten sie Ihnen entfallen sein, können Sie die meisten im Glossar noch einmal nachlesen.

Bevor wir starten, noch ein Hinweis: Ich werde in diesem Buch keine konkreten Produkte empfehlen. Sie werden auch keine Wertpapierkennnummern finden. Ich möchte nicht über Kennnummern sprechen, die vielleicht nach der Veröffentlichung des Buches nicht mehr existieren. Deshalb habe ich eine Webseite erstellt, www.mariso-akademie.de, die ich leichter auf dem aktuellen Stand halten kann. Dort werden Sie auch Mustersparpläne finden.

## Das Ziel und die zwei Techniken

Sie sollten als Erstes wissen, was Sie an der Börse erreichen wollen. Wollen Sie nur den Nervenkitzel und die Unterhaltung erleben, wenn Sie an der Börse aktiv sind?

Ich habe keine Statistiken darüber, warum Privatanleger an der Börse aktiv sind. Selbst wenn es diese durch Umfragen gäbe, wäre ich mir nicht so sicher, ob bei diesen wahrheitsgemäße Angaben gemacht würden. Wer gibt schon zu, dass er aus Gier und Träumerei vom großen Reichtum an der Börse unterwegs ist?

Es gibt aber auch viele Anleger mit konservativeren Zielen, beispielsweise um ihre Altersvorsorge aufzubauen. Andere haben eine größere Summe Geld geerbt und möchten die ganze Erbschaft nicht nur auf die hohe Kante legen, sondern das Geld für sie arbeiten lassen.

Wenn Sie ein Vermögen nur vor der Inflation schützen wollen, kann eine Investition in Anleihen schon ausreichend sein. Für den Aufbau von Vermögen können Sie sparen und das gesparte Geld in den Aktienmarkt investieren. Der Aktienmarkt gibt Ihnen keine Garantie, dass er zu einem bestimmten Zeitpunkt einen festen Betrag erwirtschaftet.

Wenn es Ihr Ziel ist, 1 Mio. EUR Vermögen anzuhäufen, ist das nicht verwerflich. Schwierig wird es nur, wenn Sie das in drei Jahren schaffen wollen und Ihr Startkapital bei 10.000 EUR liegt. Dann kann ich Ihnen zwar dafür einen Fahrplan schreiben, der wird aber mit einer Wahrscheinlichkeit von 99 % scheitern und das Kapital vermutlich komplett weg sein.

Ich möchte Ihnen lieber realistische Wege zeigen, Geld gewinnbringend anzulegen. Der Durchschnitts-nettoverdienst in Deutschland lag 2024 bei knapp 2.697 EUR im Monat, und die Sparrate betrug mehr als 10 %. Wenn ein 20-Jähriger es schafft, 240 EUR im Monat in Aktien zu investieren, so kann er gemäß historischen Aktienrenditen (ca. 8,5 % im Jahr) mit Anfang 60 1 Mio. EUR erreicht haben. Das setzt voraus, dass die Renditen am Aktienmarkt weiterhin bei mindestens 8,5 % liegen werden. Wer mit 30 Jahren erst anfängt, benötigt schon 450 EUR im Monat für das gleiche Ergebnis.

Aber auch kleinere Sparsummen können einen großen Effekt haben.

Spart der 20-Jährige nur 100 EUR im Monat, kann er im 67. Lebensjahr 650.000 EUR aufgebaut haben. Der Teil, der aus Kursgewinnen besteht, wird jedoch momentan versteuert. Auch die Inflation wird auf diesen langen Zeitraum Rendite kosten.

Um das Problem der Inflation abzumildern, gibt es eine Technik, die zeitgleich auch einen enormen Renditeeffekt hat. Jedes Mal, wenn Sie eine Gehaltserhöhung bekommen, sollten Sie einen Teil davon zur Erhöhung der Sparrate nutzen. Sinkt Ihr Gehalt, so können Sie die Sparrate wieder nach unten anpassen. Wer es schafft, 50 % seiner Gehaltserhöhungen kontinuierlich in die Erhöhung der Sparrate zu stecken, wird irgendwann die Hälfte seines gesamten Einkommens sparen und enormen Wohlstand aufbauen.

Doch ich rate dringend davon ab, die Sparrate zu 100 % in den Aktienmarkt zu investieren.

Sie halten es wahrscheinlich psychisch nicht aus, wenn der Aktienmarkt um 70 % einbricht, Sie bereits 20 Jahre gespart haben und ihr hart erspartes Geld komplett im Aktienmarkt steckt. Sie werden verkaufen und sich ärgern, wenn sich ein paar Jahre später die Kurse wieder vollständig erholt haben. Es gibt zwar keine Garantie, dass sich die Kurse in überschaubarer Zeit erholen. Wenn aber schon ein Großteil nach kurzer Zeit wieder aufgeholt wurde, wäre es sehr ärgerlich, wenn Sie das verpasst hätten.

Noch schneller kann sich Ihre Investition von einem Crash erholen, wenn zu den niedrigen Kursen nachgekauft werden kann. Dann verringert sich der durchschnittliche Einstiegskurs und häufig steigen Aktien nach einem Crash am stärksten.

Sie möchten mit 67 in Rente gehen und am ersten Tag Ihres Ruhestands den Auszahlungsknopf drücken? Vorsicht! Wenn es gerade ein Crashjahr ist und die Märkte über 40 % in einem Jahr verloren haben (das war 2001, 2007 oder im Frühjahr 2020 beim DAX der Fall), sind aus 500.000 EUR schnell 250.000 EUR geworden. Die Verluste wurden in der Vergangenheit innerhalb weniger Jahre meistens komplett aufgeholt und im Fall der Coronakrise 2020 sogar in nur wenigen Monaten. Sind Sie nicht davon abhängig, an einem bestimmten Zeitpunkt Ihr Vermögen liquidieren zu müssen, hat Ihre Investition Zeit, sich zu erholen. Da ist eine Barreserve enorm hilfreich und lässt Sie nachts besser schlafen.

Etwas anderes ist es, wenn Sie einen Betrag X innerhalb eines realistischen Zeitraums ansteuern. Realistisch heißt für den Aktienmarkt, Sie kalkulieren mit einer Mindestaktienmarktrendite von 7 %. Der Aktienmarkt war in der Vergangenheit besser, ob das in der Zukunft so bleibt, weiß niemand.

Fällt er aber auf durchschnittlich 3 oder 4 %, ergibt der Aktienmarkt keinen Sinn mehr. Dann würde jeder Investor sein Geld in Renten oder Immobilien anlegen, da hier der Ertrag schwankungsärmer ist. Somit muss der Aktienmarkt besser sein, denn als Entschädigung für die Schwankungen (also das Risiko) gibt es langfristig mehr Rendite.

**Das Ziel**

Egal ob Sie eine bestimmte Summe oder eine bestimmte Rendite am Aktienmarkt erwirtschaften wollen – es gibt zwei Techniken für den Einstieg: die Einmalanlage oder den Sparplan. Auf beides gehe ich noch genauer ein, aber damit der Ausstieg gelingt, sollte man diesen als Ziel schon von Beginn an definieren.

Legen Sie heute 20.000 EUR für 25 Jahre an, ergibt das bei 7 % Rendite ein Vermögen von 108.000 EUR, was ein Ziel sein könnte.

Wenn es nach 23, 24 oder 25 Jahren einen Börsencrash gibt, sind das zu diesem Zeitpunkt aber vielleicht nur 60.000 EUR. Wenn das so ist, lag das Vermögen vor Ablauf der 25 Jahre wahrscheinlich schon einmal bei 108.000 EUR, denn Crashs erfolgen in der Regel nach Jahren mit guter Rendite. Bei 9 % Rendite haben Sie 108.000 EUR nach gut 19 Jahren zusammen. Die 9 % Rendite sind nicht unrealistisch, denn sie werden durchschnittlich erreicht, wenn es lange keinen Crash gab.

Haben Sie als konkretes Ziel, mit 20.000 EUR in maximal 25 Jahren einen Betrag von 108.000 EUR zu erzielen, so beenden Sie die Investition, sobald das Ziel erreicht ist! Auch wenn das schon nach 18 oder 19 Jahren der Fall ist. Theoretisch ist das Investieren an der Börse die einfachste Art, ein Vermögen zu erzielen. Sie scheitert aber meistens an der Börsenpsychologie, konkret: Gier und Angst.

Wegen der Gier steigen die meisten Anleger nach 19 Jahren nicht aus. Was dagegen helfen kann? Sie verkaufen nur 80 % Ihres Aktienvermögens, wenn das Ziel bereits erreicht ist, und bleiben mit den restlichen 20 % im Spiel. Wenn jetzt die Börse crasht, haben Sie deutlich mehr Energie und Nerven, um die schlechten Zeiten auszusitzen. Steigt die Börse weiter, sind Sie wenigstens in Teilen dabei, müssen den großen Crash aber nicht fürchten.

Für eine einmalige Investition klingt das nach einem Plan, wenn Sie aber Ihre Investition in unregelmäßigen Abständen aufstocken oder regelmäßig mit einem Sparplan investieren, ist das potenzielle Endvermögen sehr schwer zu ermitteln. Im Internet gibt es jedoch viele kostenlose Rechner, die Ihnen auch für diesen Fall helfen können, ein realistisches Endvermögen zu berechnen.

Wie das Geld aber erst einmal in den Markt kommen kann, zeige ich Ihnen jetzt. Beim Einstieg haben Sie die Wahl zwischen einem Sparplan und der Einmalanlage.

### Der Sparplan

Vom Sparplan haben Sie vielleicht schon gehört, eventuell war es auch der Auslöser, warum Sie dieses Buch gekauft haben. Mit einem Sparplan investieren Sie regelmäßig, zum Beispiel einmal im Monat, mit einem vorher bestimmten Betrag, und das über viele Jahre. Diese Methode hat einen unschlagbaren Vorteil: Ihr Einstandskurs (der Kurs, zu dem Sie durchschnittlich gekauft haben) wird niemals der Höchststand des Investitionsobjekts sein. Der Einstandskurs wird sich eher deutlich unter dem historischen Höchststand befinden.

Wenn Sie monatlich kaufen, kaufen Sie in schwachen genauso wie in starken Zeiten. Kein Mensch weiß, wann starke oder schwache Zeiten anfangen oder enden. Es wäre reine Spekulation, mit einer Prognose über mögliche Marktentwicklungen einen Sparplan zu stoppen oder zu starten. Steigen Aktienmärkte konstant nach oben, ist die Einmalanlage besser, doch die Börse hat sich in der Vergangenheit nicht als Einbahnstraße erwiesen.

Sie werden über Jahre hinweg einen durchschnittlichen Einstandskurs erreichen, der nicht der theoretisch beste, aber auch nicht der theoretisch schlechteste ist. Der Fachbegriff dafür ist Cost-Average-Effekt.

Wenn Sie kein Startkapital haben und monatlich investieren müssen, haben Sie kaum eine andere Wahl, als den Sparplan zu nutzen. Das Geld zu sammeln und nur alle zwei Jahre punktuell zu investieren, wäre zwar auch möglich, doch den richtigen Investitionszeitpunkt zu finden, ist reine Glückssache.

### Die Einmalanlage

Wer sein Geld 30 oder 40 Jahre lang breit gestreut am Aktienmarkt anlegen möchte, kann theoretisch sofort eventuell vorhandenes Vermögen investieren. Doch in den meisten Fällen ist ein größeres Barvermögen erst in der Mitte des Lebens vorhanden. Wer investiert dann schon mit 40 Jahren sein gesamtes Vermögen in den Aktienmarkt und löst geplant mit 80 Jahren das Investierte wieder auf?

Dass Sie heute alles investieren und die Börse in einem Jahr 50 % tiefer steht, kann passieren. Dann muss sich Ihre Investition erst einmal um 100 % steigern, damit Sie wieder die Ausgangsposition haben. Das ist ärgerlich, aber kaum von Bedeutung, wenn Sie in jungen Jahren 2.000 EUR sofort investieren und mittels Sparplan in den nächsten Jahrzehnten noch weitere 200.000 EUR an den Markt bringen.

Ist das Startkapital also im Verhältnis zu der noch zu investierenden Summe klein, kann es sofort investiert werden.

Anders ist es, wenn die Einmalanlage bereits den größten Anteil Ihrer Gesamtinvestitionssumme ausmacht.

Wenn Sie ein größeres Vermögen in mehreren Etappen am Aktienmarkt investieren, sinkt das Risiko eines Fehlstarts deutlich.

Wenn Sie es nur in zwei Etappen mit einem Abstand von ein paar Monaten investieren, ist der schlimmste Fall, der Kauf zum absoluten Höchstkurs, ausgeschlossen. Es wird aber auch nicht der bestmögliche Einstiegskurs zustande kommen. Doch bei einem Sparrechner simulieren wir alle Szenarien mit einer durchschnittlichen Aktienmarktrendite, um abzuschätzen, welches Vermögen entstehen kann. Damit diese durchschnittliche Aktienmarktrendite jedoch erreicht werden kann, sollten Sie versuchen, auch einen durchschnittlich guten Einstiegskurs zu erreichen.

## Der wahrscheinlich einfachste Weg zum Vermögen

Ist es schwer, mit den Profis mitzuhalten? Nein. Die meisten sind nicht besser als der Gesamtmarkt, und den Gesamtmarkt kann man bereits mit einem ETF kaufen.

Ich stelle Ihnen einen Weg vor, wie Sie von der Börse profitieren können, ohne dass es langweilig wird. Dabei kann es aber einen Unterschied machen, ob Sie bereits Vermögen zum Investieren haben oder es erst aufbauen müssen. In beiden Fällen benötigen Sie einen breit gestreuten ETF. Zwei breit gestreute Indizes, auf die es ETFs von unterschiedlichen Anbietern gibt, möchte ich Ihnen vorstellen.

### MSCI World

Der MSCI World ist ein Index mit ca. 1.400 Aktien aus den Industrieländern. Die Gewichtung der einzelnen Aktien richtet sich nach dem Börsenwert der Mitglieder. Die Mitglieder mit dem größten Börsenwert haben das größte Gewicht. Da die Unternehmen mit dem größten Börsenwert zurzeit aus den USA kommen, dominieren sie auch den Index. Der Index ist somit, kurzfristig gesehen, kein Weltindex, denn wenn die US-Märkte stark fallen und der Rest der Welt nicht, wird der MSCI World trotzdem nach unten gezogen.

Wenn die dominierenden US-Aktien jedoch eine längere Zeit deutlich schwächer abschneiden als der Rest der Welt, wird sich auch deren Gewichtung im Index verringern. Wird sich morgen ein Industriestaat zu einer Nation mit den größten Börsenwerten entwickeln, wird dieser zukünftig den Index dominieren. Langfristig ist der MSCI World damit doch ein echter Weltindex. Das hat er bereits bewiesen, denn in den 1980er-Jahren war Japan das Land mit den größten Börsenwerten. Mit dem Niedergang des japanischen Aktienmarkts verschob sich dann das Übergewicht im MSCI World zu den USA, welche zu seiner guten Performance beitrugen. Dass der Index einen Mechanismus hat, der langfristig durch die stärksten Börsennationen angeschoben wird, macht ihn für mich zu einem breit gestreuten Aktienmarktindex.

**FTSE All-World**

Der FTSE All-World enthält mehr als 4.000 Aktien, die auch aus den Schwellenländern kommen können. Was breiter gestreut klingt, ist jedoch faktisch nicht der Fall, denn auch in diesem Index wird die Gewichtung nach dem Börsenwert der Mitglieder bestimmt. Solange die größten Firmen der Welt aus den USA kommen, wird die Performance dieses Index ebenfalls maßgeblich von ihnen bestimmt. So ist es auch nicht verwunderlich, dass bei einem Vergleich von FTSE All-World und MSCI World historisch eine sehr ähnliche Entwicklung zu sehen ist.

Das gilt auch für alle anderen Weltindizes auf dem Markt, wie beispielsweise den MSCI All Country World Index (ACWI).

Wenn Sie 150.000 EUR Risikokapital als Einmalanlage zur Verfügung haben und diese in den nächsten 15 Jahren nicht benötigen, könnten Sie alles in einen der Welt-ETFs investieren und haben damit ein breit gestreutes Aktienmarktportfolio. So haben Sie sich jeden Stress erspart, die richtigen Aktien auszusuchen.

Wichtig! Risikokapital heißt, dass Sie auf dieses Geld nicht in den nächsten Jahren angewiesen sein sollten. Auch ein breit gestreuter Aktienmarkt kann fallen und über zehn Jahre benötigen, bis er sich wieder erholt hat.

Alles in einen ETF zu investieren, klingt fast schon zu einfach. Die Anlage lässt sich auch optimieren, indem der Weltaktienmarkt mit mehreren ETFs selbst zusammengebaut wird. Also anstatt eines Welt-ETFs werden ein ETF auf Nordamerika, ein ETF auf Europa, ein ETF auf Asien und vielleicht ein ETF auf Schwellenländer gekauft. Ein Welt-ETF kann aufgrund seiner Systematik ein deutliches Übergewicht in einer Region haben. Mit einzelnen ETFs lässt sich die Gewichtung selbst steuern. Die eigene Steuerung klingt in der Theorie einfach, ist aber in der Praxis so umfangreich, dass ich dafür ein eigenes Buch „ETFs von Anfang bis Ende" geschrieben habe.

Für den wesentlichen Erfolg an der Börse ist es weniger wichtig, ob in einen oder in mehrere ETFs investiert wird. Das Verhalten in Crashzeiten ist viel wichtiger. Wer in schlechten Börsenzeiten mit Verlust verkauft, anstatt die Chance zu nutzen, um nachzukaufen, wird an der Börse nichts gewinnen.

Vielleicht ist Ihnen das mit dem einen ETF auch zu langweilig. Sollte Ihnen jetzt jedoch eine einzelne Aktiengesellschaft begegnen, von deren Zukunft Sie wirklich überzeugt sind, tauschen Sie einen kleinen Teil des ETF-Vermögens gegen diese Aktie. Der Anteil an Ihrem Gesamtinvestment sollte aber so gering sein, dass auch ein Totalverlust in einer einzelnen Aktie Ihr aufzubauendes Vermögen nicht entscheidend schmälert.

Haben Sie noch kein Anfangsvermögen, so können Sie einen Sparplan auf einen Welt-ETF aufsetzen. Ist später das Vermögen angewachsen, kann auch da ein kleiner Teil in ein oder zwei Aktien getauscht werden. Es kann, aber es muss nicht so laufen. Die Performance Ihrer Anlage wird durch die Einzeltitelauswahl nicht zwingend besser, die Investition macht jedoch mehr Spaß – sofern sie denn aufgeht.

Keinen Druck zu haben, das Aktienportfolio schnellstmöglich aufbauen zu müssen, ist ein großer Vorteil des Privatinvestors.

Doch warum habe ich jetzt ein ganzes Buch geschrieben, wenn auf zwei Seiten der wahrscheinlich erfolgreichste Weg zu Vermögen beschrieben werden konnte?

Weil Sie vielleicht auch Geld haben werden, das Sie in naher Zukunft benötigen. Dafür ist das Aktien-ETF-Portfolio ungeeignet. Wenn Sie nach 25 Jahren Ihre ETFs verkaufen und nur noch die Inflation ausgleichen möchten, werden Sie vom Wissen über Zinsprodukte wie Tagesgeld oder Anleihen profitieren.

Glauben Sie an eine stetige Wertsteigerung von Edelmetallen wie Gold, können Sie einen kleinen Teil Ihres Vermögens als Beimischung investieren. Wenn die Investition viele Jahrzehnte gehalten werden soll, können Sie über die physische Aufbewahrung nachdenken.

Doch was gibt es zu beachten, wenn Sie das Portfolio mit Einzelaktien selbst zusammenstellen wollen?

## Einzelaktien selbst zusammenstellen

Selbst ein Portfolio zusammenzubauen, kann eine spannende Sache sein und durchaus Vorteile haben. Sofern es gut diversifiziert ist, also jede Position am Anfang nur 2,5 bis 5 % Gesamtgewicht hat, ist das Risiko deutlicher moderater als mit der ausschließlichen Investition in eine einzelne Aktie. In die Auswahl von Aktien, die Sie vielleicht über Jahrzehnte halten wollen, können Sie Tage investieren. Sie können auch nach dem Zufallsprinzip auswählen, es ist nicht gesagt, dass Sie damit weniger erfolgreich sind. Geben Sie mal in eine Suchmaschine „Affe mit Dartpfeil" ein. Doch wenn Ihr Zufallsprinzip nur Aktien von einem Land oder einer Branche in Ihr Portfolio spült, steigt das Risiko enorm an.

Wenn Sie Einzelinvestitionen tätigen, werden Sie Startkapital benötigen. Eine Aktienposition sollte am Anfang zwischen 1.000 und 3.000 EUR groß sein, denn Sie müssen mit Ordergebühren von 10 bis 75 EUR (je nach Bank und Börse) rechnen. Investieren Sie 400 EUR und haben Sie vielleicht 25 EUR Ordergebühren dafür zahlen müssen, starten Sie mit über 6 % Verlust.

Für eine vernünftige Diversifizierung werden Sie 40.000 bis 50.000 EUR benötigen. Haben Sie dieses Geld nicht, müssen Sie lange sparen, bevor Sie das erste Geld investieren. In dieser Zeit hat dann Ihr Geld keine Erträge gebracht.

Egal ob Sie in ETFs oder in Einzelaktien investieren: Stellen Sie sich auf psychische Belastungsproben ein.

## Die Psychologie

Die Börse ist ein Psychospiel. Untertreibungen, Übertreibungen, Gier, Gewinne, Verluste. Wenn Sie eine Kapitallebensversicherung oder Privatrente abschließen, bekommen Sie von all diesen Gefühlen und Schwankungen nichts mit. Die für die Versicherungen arbeitenden Fondsmanager im Hintergrund setzen sich diesen Belastungen aus. Auch wenn Sie einen Zielfonds besitzen, werden Sie damit weniger zu tun haben.

Wenn Sie einen Sparplan auf einen ETF haben, kommen Sie mehr mit der Börsenpsychologie in Berührung. Nach der ersten Ausführung werden Sie womöglich täglich nach der Entwicklung schauen. Dies ergibt, rational gesehen, keinen Sinn, egal ob nach einer Woche dort 5 % plus oder minus stehen – Sie haben bei einer 30-jährigen Laufzeit nach einem Monat gerade mal 0,0027 % der Investitionssumme eingezahlt. Aber der Nervenkitzel ist da, und das ist okay. Irgendwann gewöhnen Sie sich daran und schauen nur noch einmal im Monat oder zweimal im Jahr in das Depot. Wenn Sie nicht so häufig reinschauen, ist es das Beste. Sie ärgern sich ansonsten, wenn Sie eben noch 150.000 EUR im Plus waren und kurze Zeit später nur noch 50.000 EUR Gewinn angezeigt bekommen, weil es an den Börsen gerade donnert. Dann fangen Sie an, darüber nachzudenken, schnell noch alles zu verkaufen und die 50.000 EUR zu sichern. Die Börse ist bei so etwas unerbittlich – wer die 50.000 EUR sichert, wird sich drei Jahre später vielleicht ärgern, weil dann der Gewinn bei 300.000 EUR gewesen wäre. Viele springen dann wieder auf den Zug auf und ruinieren ihr Lebenswerk, weil der Einstandskurs verdorben wurde. Wie ich bereits sagte – die Börse ist da unerbittlich.

Bei Einzelaktien ist der psychologische Effekt noch um ein Vielfaches schlimmer. Dort besteht die Gefahr, dass man an bestimmten Aktien mental hängt und hier verkaufen müsste, es aber nicht tut. Selbst wer emotional gefestigt ist, sich ein Verkaufsdatum in ferner Zukunft als Ziel setzt und es wirklich einhält, kann schlimme Dinge erleben. Er war zwischenzeitlich vielleicht mal Millionär, ist es nun aber bei Weitem nicht mehr, da zu spät verkauft wurde. Das ist schwer zu verdauen.

Wenn Sie die Einzelaktien wählen und eine Aktie dafür gesorgt hat, dass Ihr Investitionsziel schon nach weniger als der Hälfte der geplanten Investitionszeit erreicht ist, nehmen Sie Gewinne mit und lassen Sie nicht die Gier nach mehr walten. Es ist leichter gesagt als getan – aber ich muss Sie vor der Psychologiefalle warnen. Hier hat der Zielfonds übrigens auch einen Vorteil. Der Fondsmanager hängt emotional weniger an den Investitionen, weil es nicht sein Geld ist, und kann dadurch besser entscheiden. Dafür hat er ein Problem, wenn es mal nicht so gut läuft. Als Privater sind Sie niemandem Rechenschaft schuldig und können solche Phasen besser aushalten.

## Wann der Kauf einzelner Aktien sinnvoll sein kann

Es gehört nicht zu meinem Vermögensbildungsplan, doch hin und wieder kaufe auch ich Einzelaktien. Je seltener ich das mache, desto wahrscheinlicher wird dann der Kauf zum Erfolg, da ich mich weniger von Euphorie beeinflussen lasse und eher eine einmalige Chance für eine Investition sehe.

Es gibt für mich zwei Gründe, eine Aktie zu kaufen:

1. 1Der Markt bricht massiv ein und zieht die Preise von Aktien mit runter, die überhaupt nichts mit den Gründen für den Markteinbruch zu tun haben. Beispiele aus der Vergangenheit gibt es einige. In der Dotcom-Krise: Versorgeraktien; in der Bankenkrise: Technologieaktien; während des Coronacrashs: Unternehmen, deren Kunden nicht das Haus verlassen müssen, um die Produkte zu konsumieren.
   Börsenregel: Die Flut hebt alle Boote, schlechte Aktien steigen also in der Börsenhausse mit. Bei Ebbe läuft es genauso: Alles fällt, auch die guten Aktien.
   Diese Art der Investition ist, psychologisch gesehen, zum Einsteigen die schwerste. Wer stellt sich schon gerne gegen den Markt? Die Gelegenheit dafür kommt zudem nur alle fünf bis sieben Jahre. Wenn genau dann kein Geld zum Einstieg da ist, kann das ärgerlich sein. Deshalb sollte für diesen Fall immer eine Krisenkasse bereitstehen, die in den ruhigen Zeiten auf einem Tagesgeldkonto geparkt ist.
2. Wenn Sie eine neue Innovation von einer Aktiengesellschaft erwerben, von dem Produkt begeistert sind und glauben, dass es Ihre Freunde auch alle haben wollen, dann wird eine Aktie interessant. Beispiele: Ihr neues Handy, ein bestimmtes Automodell, ein Streaminganbieter, ein neuer Onlineshop.

Bei dieser Art der Investition ist der Einstieg am leichtesten, aber der Ausstieg am schwersten. Sollte die Investition bisher erfolgreich sein, kann man sich schnell in eine Aktie verlieben. Liebe kann bekanntlich blind machen. Auch Amazon wird irgendwann bankrottgehen, das hat Jeff Bezos übrigens selbst über sein Unternehmen gesagt. Ebenso hat Nokia gezeigt, dass ein Superprodukt kein Gewinnbringer für die Ewigkeit ist.

Beide Gründe erleben wir nicht jeden Tag, es kann Jahre dauern, bis wir von einer Produktinnovation überzeugt sind oder es günstige Kaufgelegenheiten an der Börse gibt. Ich selbst kaufe nur sehr selten eine Einzelaktie, und der Grund ist häufig eine Kombination aus Markteinbruch und einem für mich überzeugenden Geschäftsmodell.

## *Gier und Angst: die wichtigste Praxislektion*

Es hat in den vergangenen Jahrhunderten immer wieder Preiscrashs gegeben, genau wie Spekulationsblasen, also lange bevor es die Börse gab. Denken wir allein an die Tulpenblase von 1636/37. Schauen wir in die Zeit, seit der es amtliche Börsenkurse gibt: große Crashs von 1929 (Schwarzer Donnerstag, nach den wirtschaftlich goldenen Zwanzigern) und 1987 (Ursache bis heute umstritten), das Platzen der Internetblase, 11. September, Finanzmarktkrise, Fukushima, Coronacrash, Ukraine-Invasion, Zollkrise. Entweder sind Blasen geplatzt oder es endete ein starker wirtschaftlicher Aufschwung. Auch externe Schocks wie Terroranschläge, Kriege, Erdbeben und Naturkatastrophen haben die Börse in der Vergangenheit stark bewegt.

Extreme Bewegungen lassen sich mit zwei psychologischen Eigenschaften erklären, die der Mensch in sich trägt und nur schwer ablegen kann: Gier und Angst. Das Besondere an diesen zwei Eigenschaften ist, dass der Mensch nicht aus der Vergangenheit lernt und deshalb Gier und Angst auch in Zukunft zu starken Bewegungen an der Börse führen werden.

Alle börsenbewegenden Ereignisse aus der Vergangenheit haben sich nie im gleichen Ausmaß wiederholt. Deshalb kann kein Lehrbuch und keine Analyse einen Crash voraussagen, denn es gibt kein verlässliches Schema dafür. Trotzdem sind die Medien voller Propheten für drohende Crashs und Kursraketen, denn man hört ihnen gerne zu. Warum das so ist, lässt sich auch wieder mit Gier und Angst begründen. Vielleicht ist es sogar nur die Angst, denn Gier ist möglicherweise nur die Angst, einen Gewinn zu verpassen. Nach Wilhelm Busch wird Gewinn anderer fast wie ein eigener Verlust empfunden, und vor Verlusten haben wir Angst.

Angst ist wichtig für unser Überleben. Ohne Angst würden wir keinen Tag heil überstehen. Sie steigert unsere Neugier ins Unermessliche, denn nicht befriedigte Neugier bedeutet Kontrollverlust. Für das Überleben brauchen wir jedoch ein Mindestmaß an Kontrolle.

Hier ergibt sich die Verbindung zur Börse. Wann immer auf der Welt eine Situation entstand, deren mutmaßlich negative Auswirkung nicht einzuschätzen war, hat es an den Finanzmärkten besonders heftig gekracht. Unsicherheit ist das schlimmste Gift an der Börse, denn sie löst die größte Angst aus. Deshalb wiederholen sich historische Gründe für Crashs nicht. Wenn erneut ein Flugzeug in einen Wolkenkratzer fliegen oder eine Pandemie ausbrechen würde, so würde es die Börse belasten, aber nicht zu vergleichbaren Crashs wie 2001 und 2020 führen. Wir haben gelernt, dass das Leben danach weitergeht, der Unsicherheitsfaktor existiert somit nicht mehr.

Eine Spekulationsblase platzt häufig, wenn die Angst der Investoren, die spät eingestiegen sind, um sich greift. Es ist die Befürchtung, hohe Verluste erleiden zu müssen – einfach weil die „Musik aufgehört hat zu spielen", also die langen erfolgreichen Börsenzeiten ein Ende gefunden haben.

Wenn die Kurse nach einer Blasenbildung fallen, so stürzen sie schnell und heftig. Wir lassen uns durch Angst und Panik rasch überzeugen. Steigen die Kurse, geschieht dies langsam und stetig. Es dauert seine Zeit, bis sich die Angst legt und Vertrauen zurückkehrt. Wenn dann der letzte Börsianer seine Angst verloren hat, kommt der nächste Crash und man wird in den Medien eine Ursache dafür finden. Ob diese richtig ist, sei dahingestellt, denn die Kurse machen meistens die Nachrichten und nicht andersherum.

Spekulationsblasen haben wir häufig dann, wenn Käufer schneller als gewöhnlich Vertrauen in steigende Kurse gewinnen, durch den festen und unerschütterlichen Glauben an ein Investitionsobjekt und die Angst, etwas zu verpassen. Die Angst, dass der Nachbar mühelos Reichtum durch Spekulation anhäuft, während man selbst mühevoll schuftet, ist auch ein Nährboden für Spekulationsblasen. Davor sind auch institutionelle Investoren nicht gefeit. Ganz im Gegenteil: Sie sind sogar gezwungen, keine Gewinnchancen zu verpassen. Ein Fondsmanager, der das Trendthema der Zeit links liegen lässt und nicht investiert, wird von seinen Geldgebern Druck bekommen. Auch der Geldgeber hat Angst, etwas zu verpassen.

Gier sorgt dafür, dass wir nie genug bekommen. Rajat Gupta, ein geschätzt 100 Mio. USD schwerer ehemaliger Top-Manager aus den USA, hat sich 2009 zu Insiderhandel verleiten lassen, um sich etwas dazuzuverdienen. Er hat einem anderen Fondsmanager die geheime geplante Investition von Warren Buffett in Goldman-Sachs-Aktien verraten. Die Investition von

Buffett löste starke Kursgewinne aus und der Fondsmanager investierte in die Aktien, bevor die Öffentlichkeit davon erfuhr. Die nie endende Gier nach mehr hat ihn ins Gefängnis gebracht.

Was können wir daraus für unsere Börseninvestitionen lernen? Es gibt einiges, das ich anführen kann, und ich fange mit der Angst an.

Wir können die Angst nicht abstellen, aber eingrenzen. Wenn Sie mit Ihrem gesamten Vermögen in den Aktienmarkt investiert sind oder, noch schlimmer, Aktien auf Kredit gekauft haben, so trifft Sie ein Crash besonders hart. Wenn dann die Börse gegen Sie läuft, ist die Angst besonders groß und Sie verkaufen.

Sie sollten nie davon abhängig sein, dass Börsenkurse sich schnell wieder erholen, nur weil Sie das Geld brauchen und nicht mit Verlust verkaufen wollen. Deshalb muss sichergestellt sein, dass Sie ungeplante größere Ausgaben aus einer Liquiditätsreserve decken können. Auch Ihr Renteneintritt darf nicht von dem Stand der Börse abhängig sein. Stellen Sie sich vor, Ihr Börsenvermögen steht kurz vor der Rente bei 300.000 EUR und ein Crash halbiert innerhalb weniger Monate alles. Dann verkaufen Sie für 150.000 EUR, aus Angst, dass nichts mehr für die Rente bleibt. Sollten die Börsen aber nach drei oder fünf Jahren ihren Höchststand wieder erreicht haben, so wie es zum Beispiel nach dem Coronacrash nur wenige Monate gedauert hat, so hat man im höheren Alter noch einmal die bittere Erfahrung machen müssen, dass Angst kein guter Finanzratgeber ist.

Eines muss ich hier aber anmerken: Dass sich Börsen nach kurzer Zeit erholen und alte Höchststände erreichen, galt historisch nur für breit gestreute Indizes, wie beispielsweise den MSCI World. Bei einzelnen Ländern kann es Jahrzehnte dauern, bis alte Höchststände erreicht werden. Bei Branchenindizes wie beispielsweise dem „Neuen Markt" oder bei Einzelaktien kann es sein, dass die Höchststände nie wieder erreicht werden. Statistisch gesehen, waren alle marktbreiten Indizes spätestens nach 20 Jahren immer im Plus, auch beim schlimmsten Crash der Geschichte im Jahr 1929. Wer nach dem Crash weiter investierte, konnte diese Zeit deutlich verkürzen. Deshalb sind Sparpläne sinnvoll. Sie ergeben nicht zwangsläufig die beste Rendite, sie senken aber das Risiko deutlich, eine lange Zeit auf sein Kursplus zu warten. 1929 fielen die Kurse teilweise um 90 %. Wer kurz danach kaufte, hatte auf diesen Nachkauf einen Gewinn von 900 %, und das 20 Jahre später.

Ich selbst spare in Börsenboomzeiten immer etwas Geld an und investiere es, wenn an der Börse Panik herrscht. Da ich nicht einschätzen kann, wann die Panik vorbei ist, investiere ich in Tranchen, also nicht alles auf einmal, sondern zeitversetzt. Ich versuche gar nicht erst, den Tiefpunkt abzuschätzen, denn eine Glaskugel habe ich nicht. Somit muss ich damit leben, dass die ersten Investitionen in Crashzeiten gleich ins Minus rutschen oder die Börse längst wieder ins Positive gedreht hat, bevor ich die letzte Tranche investiert habe. Aber diese Taktik schützt mich vor der Angst. Es macht mir zwar keinen Spaß zuzusehen, wie meine Investitionen in hoher Geschwindigkeit an Wert verlieren, doch es tröstet mich, dass ich endlich günstig nachkaufen kann. Die Belohnung erfolgt darauf: Nach einem Crash steigen die Börsen am stärksten, bis zu 30 oder 40 % in einem Jahr, und das ist auch mathematisch logisch. Wenn die Börse nach einem Verlust von 50 % wieder ihren Höchststand erreicht, so muss sie um 100 % gestiegen sein.

Zusammengefasst die besten Tipps gegen zu viel Angst:

- Nie auf Geld vom Aktienmarkt in den nächsten Jahren angewiesen sein und immer Liquidität für das normale Leben bereithalten.
- In positiven Zeiten eine Investitionsreserve zusammensparen.
- In Crashzeiten die Investitionsreserve investieren, aber zeitlich verteilt.
- Das Kapitel „Warum man an der Börse gewinnen muss“ lesen.

Bleibt noch das Thema der Gier anzusprechen. Kaufen Sie etwas ohne ein Ziel und die Investition läuft gut, werden Sie so lange investiert bleiben, bis Sie endlich im Minus sind und dann lässt Sie die Panik verkaufen.

Wenn Sie deutliche Gewinne machen, werden Sie dabeibleiben. Ja, es heißt „Gewinne laufen lassen und Verluste begrenzen“, aber mit dem Spruch ist etwas anderes gemeint. Er zielt darauf ab, dass wir an schlechten Investitionen festhalten und hoffen, dass sich noch einmal alles zum Guten wendet und wir Gewinnpositionen schnell verkaufen, sobald sie im Plus sind.

Ich spreche von Investitionen, die 50 % oder 200 % im Plus sind, was bei Einzelaktien nicht ungewöhnlich ist. Wenn Sie kein Verkaufsziel haben, werden Sie nie verkaufen, die Gier lässt Sie investiert bleiben.

Sie müssen beim Kauf schon ein Ziel haben. Ein Ziel kann ein bestimmter Kurs, ein Zeitpunkt oder ein Indikator sein.

Mein persönlich bester Indikator ist das Börsensentiment, also die Stimmung. Ist sie positiv und am Markt sind nur Bullen unterwegs, verkaufe ich; sind nur Pessimisten auf der Bildfläche, fange ich an zu kaufen. Ich würde aber nie kurzfristige Wetten auf das Börsensentiment abschließen. Wenn nur Pessimisten am Markt sind, kann keine große Verkaufspanik mehr aufkommen, denn welche breite Masse soll noch verkaufen? Kurse können aber trotzdem noch fallen, deshalb ist das Sentiment eher mittelfristig als Entscheidungshilfe geeignet.

Das Sentiment deutet an, dass die Musik bald nicht mehr weiterspielen wird, es verrät aber nicht den Zeitpunkt für das Ende. Für einen konservativen ETF-Sparer ist es ein hervorragendes Instrument, für einen Daytrader ist es ungeeignet.

Wo sich das Sentiment befindet, ist nicht einfach an irgendeiner Kennziffer im Internet abzulesen. Es ist eine Mischung aus irrelevanten Nachrichten, aus Long/Short-Positionen von Tradern, der Anzahl von Crashpropheten, der Themenauswahl von Nachrichtensendern und vielen weiteren Kleinigkeiten.

In meinem kostenlosen Börsen-Newsletter berichte ich genau von dieser Mischung. Ich werte Nachrichten und Long/Short-Positionen aus und zeige meinen Lesern mögliche Börsenwendepunkte.

Sie können sich hier anmelden, wenn Sie daran Interesse haben: www.mariso-akademie.de/mariso-akademie-borsennewsletter/

Bleibt zum Schluss noch die Frage, wann eine Blase vorliegt. Es kann Innovationen geben, wie die Erfindung des Internets oder des Smartphones, die eine Gesellschaft tiefgreifend verändern und Gewinne einzelner Aktien zu Recht vervielfachen. Doch auch das preist die Börse, soweit sie das überblicken kann, sofort ein.

Wenn von traumhaften Kurszielen die Rede ist, ist die Blase gesichert da. Denn wenn eine Aktie um 1.000 % gestiegen ist, so hat das niemand vorausgesagt. Dass die Aktie dann um weitere 1.000 % steigen wird, hören wir danach öfter in Foren oder von angeblichen Experten, aber so eine Prophezeiung hat sich noch nie bewahrheitet.

Wer noch weitere Bestätigungen braucht, muss nur seine Augen und Ohren offen halten. Wenn Nichtbörsianer plötzlich am Aktienmarkt auftauchen und Zeitungen von Investitionschancen sprechen, obwohl ihr Metier Klatsch und Tratsch ist, dann ist die Blase in der Regel kurz vor dem Platzen.

Möglicherweise ist dieses Kapitel das wichtigste in Ihrer zukünftigen Börsenkarriere, aus diesem Grund habe ich es an den Schluss gesetzt. Es soll Sie vor den teuren Fehlern schützen, die gerade Anfänger, aber selbst Profis immer wieder machen – denn wir sind alle Menschen mit Bedürfnissen und Emotionen, und das ist an der Börse stets gefährlich.

# *Was Sie gelernt haben*

Wir sind in diesem Buch durch große Teile des Finanzmarkts gegangen. Sie sind nun in der Lage, ein Wertpapierdepot zu eröffnen, wissen, was Aktien sind und was Sie als Aktionär erwartet, und haben einen Überblick über Anleihen und Rohstoffe erhalten. In das Thema Investmentfonds bin ich tiefer eingestiegen, da es für Neulinge in der Regel die erste Investitionsmöglichkeit ist. Es gibt einige Bücher zum Thema Sparplan und ETFs auf dem Markt. Was Sie in den letzten Kapiteln dieses Buches lesen konnten, ist im Grunde genommen genau das, was in dieser Literatur steht. Das gehört aber auch zum „Einmaleins der Börse".

Wir haben Sie mit den wichtigsten Begriffen vertraut gemacht. Wenn ein Händler in einer Kneipe in Frankfurt am Main seinen Kollegen fragt: „Wir müssen die Commodities shorten, die Backwardation ist sehr ausgeprägt. Kennst du einen Kontrahenten, der uns zuverlässig und günstig die Performance reinswappen kann?", dann wissen Sie künftig, dass er auf fallende Rohstoffe setzen will, weil die zukünftigen Kontrakte wesentlich günstiger sind als die heutigen. Nun sucht er einen Partner, der mit ihm einen Vertrag macht, in dem genau das vereinbart sein kann, und bittet den anderen um einen Tipp. Spannend, oder?

Schauen Sie noch mal in das Glossar. Dort haben wir versucht, die ungefähre Aussprache hinzuzufügen, damit Sie selbstbewusst mit Fortgeschrittenen darüber reden können.

Wir haben im Buch öfter zur Vorsicht aufgerufen. Zum Schluss möchten wir Sie vor einer teuren Sache nicht nur warnen, sondern Sie unbedingt davon abhalten. Wenn Sie Ihr Wissen im Internet vertiefen möchten und auf Suchmaschinen oder Finanzwebseiten unterwegs sind, werden Ihnen manchmal Werbeanzeigen eingeblendet, die Sie unter Umständen zu Betrügern führen. Das passiert insbesondere dann, wenn Sie Begriffe eingeben von Dingen, die in letzter Zeit eine sehr rasante Kursentwicklung genommen haben. Kandidat Nummer eins ist seit einiger Zeit der Bitcoin. Aber auch mit der Aktiensuche über die Suchmaschine kann Ihnen das passieren. Die Werbealgorithmen wissen genau, welche Anzeigen angeklickt werden. Schließlich träumen doch viele Menschen davon, irgendwann in ihrem Leben mal schnell reich zu werden.

Auch wenn kein Betrug dahintersteckt und Sie für Investitionen in Mittelstandsanleihen oder Beteiligungen angeworben werden, behalten Sie eines im Hinterkopf: Sollte die Anlage wirklich so großartig sein, wie die Hochglanzprospekte versprechen, wäre die Werbung nicht nötig, da Institutionelle diese Produkte von sich aus kaufen würden.

Niemand auf dem Finanzmarkt hat eine Glaskugel, in der die Kurse von morgen sichtbar sind, und gute Produkte brauchen keine Werbung – behalten Sie diese Warnung im Ohr, wenn irgendjemand versucht, Ihnen etwas zu verkaufen.

Was gehört in das große „Einmaleins der Börse"? Der Handel mit Hebelprodukten beziehungsweise Zertifikaten oder CFDs. Analyse von Aktien oder Märkten, Chartanalyse, kurzfristige Handelsideen. Für jedes dieser Themen gibt es Extrabücher und Spezialisten.

Für Feedback oder Fragen, die am Ende dieses Buches offen geblieben sind, können Sie mir eine E-Mail an marian.sommer@mariso-akademie.de schreiben. Sollte ich Sie restlos zufriedengestellt haben, freue ich mich über eine positive Rezension.

Bleiben Sie stets kritisch, vor allem gegenüber Massenmeinungen, wenn es um die Börse geht. Gibt es neue Produkte am Finanzmarkt, versuchen Sie, diese umfassend zu verstehen, bevor Sie übereilt kaufen. Lassen Sie sich so wenig wie möglich von Emotionen leiten. Das sind unsere letzten Ratschläge an Sie. Börse ist kein Teufelszeug, wenn Sie Ihre Investitionen von der Mechanik verstanden und sich darüber ausreichend informiert haben. Wenn Sie dieses Buch bis an diese Stelle gelesen haben, so haben Sie dafür einen großen Schritt getan.

# *Die Autoren*

**Marian Sommer**, Jahrgang 1980, hat Volkswirtschaftslehre mit Schwerpunkt Investment Banking an der Technischen Universität Chemnitz studiert.

Während seines Studiums sammelte er auf dem Kapitalmarkt durch Praktika im Retail Banking und in einer Investor-Relations-Abteilung sowie durch seine Mitgliedschaft im Börsenverein Praxiserfahrung.

Seine Karriere startete er in der Zertifikateabteilung einer Investmentbank und wechselte danach in das Portfoliomanagement einer Fondsgesellschaft. Dort betreut und implementiert er in leitender Position die Investmentstrategien von Investmentfonds.

Unter dem Label „Mariso-Akademie" hat er auch die Bücher „Börsenfilme verstehen", „Das Einmaleins der Hebelzertifikate, CFDs und Optionsscheine für Einsteiger" und „ETFs von Anfang bis Ende" veröffentlicht.

**Nicholas Nikol** ist ehemaliger Investment Banker im Bereich Mergers & Acquisitions einer britischen Großbank und seit 2017 Verleger des Impian Buchverlags.

Sein aktuelles Verlagsprogramm umfasst über 100 lieferbare Titel von SPIEGEL-Bestseller-Autoren wie Stephen Hawking, Simon Singh und Richard Dawkins, „New York Times"-Bestseller-Autor David Macaulay und vielen weiteren Schriftstellern.

# *Glossar*

**ABS – Asset Backed Security:** ein Wertpapier, das durch andere Forderungen (z. B. Kreditkartenschulden, Konsumkredite) abgesichert ist

**Absolute Return:** Strategie, um in jeder Marktphase Gewinne machen zu können

**Asset:** Vermögensgegenstand (z. B. Daimler-Aktie, SAP-Anleihe)

**Asset Allocation:** Verteilung des Vermögens auf bestimmte Assets (z. B. 30 % Geld, 50 % Aktien, 20 % Immobilien)

**Asset Manager:** Person, die entscheidet, welche Assets gekauft werden

**Assetklasse:** Klassifizierung von Vermögensgegenständen (z. B. Aktien, Immobilien)

**Backwardation:** steigende Futurepreise, je näher die Endfälligkeit kommt

**Baisse (ausgesprochen: Bässe):** längerer Zeitraum von fallenden Kursen

**bärisch (englisch: bearish):** negativ gestimmter Markt

**Benchmark:** ein Level oder Ergebnis, das zum Vergleich herangezogen wird

**bestens/billigst:** Verkauf so teuer wie möglich/Kauf so günstig wie möglich

**Callable (ausgesprochen: Korlebill):** Anleihe, die ein Emittent kündigen kann

**Coins:** digitales Geld, Begriff im Bereich Kryptowährungen

**Collateral Agreement:** Vertrag über zu stellende Sicherheiten

**Contango (ausgesprochen: Kontängo):** sinkende Futurepreise, je näher die Endfälligkeit kommt

**Cost-Average-Effekt (ausgesprochen: Kohst Äweredsch Effekt):** Durch regelmäßiges Kaufen entsteht ein durchschnittlicher Einstandspreis, der unter den Höchstkursen liegt

**Dachfonds:** Fonds, der in andere Fonds investiert

**Derivat:** Finanzprodukt, dessen Wert sich aus den Kursen anderer Produkte ergibt

**Discount Put:** Zertifikat, das von fallenden oder maximal leicht steigenden Kursen profitiert, jedoch wertlos wird, wenn die Kurse zu stark anziehen

**Diversifizierung:** Risikostreuung

**Dividende:** Geldzahlung eines Unternehmens an seine Anteilseigner

**Einstandskurs:** Kurs, zu dem durchschnittlich gekauft wurde

**Emittentenrisiko:** Risiko, dass der Emittent insolvent geht

**ESG:** Kriterien für nachhaltiges Investment

**EUR hedged:** Produkt, das aus Euro-Sicht gegen Währungsverluste abgesichert ist

**fairer Wert:** echter Wert eines Unternehmens, wenn alle Informationen zur Beurteilung dafür öffentlich vorliegen

**Festzinsanleihe:** Anleihe, die in regelmäßigen Abständen einen festgelegten Zins zahlt

**Floater:** Anleihe, die einen variablen Zinssatz hat

**FTSE All-World (ausgesprochen: Futsie All World):** breit gestreuter Index, der in Industrie- und Schwellenländer investiert

**Future:** standardisierte Vereinbarung, zu einem bestimmten Zeitpunkt eine Sache in einer festgelegten Güte zu liefern

**Growth (ausgesprochen: Grouh):** Aktie, die großes Wachstum verspricht

**Hausse (ausgesprochen: Hosse):** längerer Zeitraum von steigenden Kursen

**Hebel:** Faktor, um den ein Derivat steigt, wenn der Basiswert um 1 % steigt

**Hedge:** Absicherung

**Hedgefonds:** Fonds mit alternativen Investmentstrategien, die jederzeit Gewinn machen können

**Investment Grade (ausgesprochen: Investment Gräd):** gute Qualität eines Schuldners, mit geringem Insolvenzrisiko

**Kapitalverwaltungsgesellschaft (KVG):** Unternehmen, das Fonds auflegt und administriert

**Leverage (ausgesprochen: Lewweredsch):** englisch für Hebel

**Limit down:** Futures, die vom Handel ausgesetzt werden, weil der Markt zu stark fällt

**Limit up:** Futures, die vom Handel ausgesetzt werden, weil der Markt zu stark steigt

**long:** auf steigende Kurse setzen

**market:** Kauf zu billigst oder Verkauf zu bestens

**Marktkapitalisierung:** Anzahl der ausgegebenen Aktien eines Unternehmens, multipliziert mit dem aktuellen Aktienkurs

**MBS – Mortgage Backed Security:** Wertpapier, das durch Immobilienkredite gesichert ist

**MSCI World (ausgesprochen: Em Es Zie Ei World):** breit gestreuter Index, der in Industriestaaten investiert

**Offenlegungsverordnung:** Pflicht, über Nachhaltigkeitsansatz zu informieren

**OGAW:** Publikumsfonds mit bestimmten Anlegerschutzregeln

**Optionen:** Vereinbarung, etwas zu einem bestimmten Zeitpunkt zu einem bestimmten Preis kaufen (Call) oder verkaufen (Put) zu können

**Optionsschein:** wie Optionen, nur als Wertpapier verpackt, das maximal 100 % seines Wertes verlieren kann

**Order:** Kauf- oder Verkaufsauftrag

**Ordergebühr:** Kauf- oder Verkaufsgebühr

**Outperformance:** besseres Ergebnis als der Standard

**Performance:** Ergebnis (kann positiv oder negativ sein)

**Pfandbrief:** Wertpapier, das gegen Ausfall durch etwas Werthaltiges gesichert ist

**physisch repliziert:** ein Index, der mit den Werten, die darin enthalten sind, exakt nachgebaut wurde

**Portfolio:** Summe aller Assets

**Primärmarkt:** die Ausgabe von Aktien oder Anleihen durch ein Unternehmen

**Rating:** Kreditbewertung eines Unternehmens, nach Schulnoten

**Ratingagenturen:** Unternehmen, das die Kreditwürdigkeit anderer Unternehmen beurteilt

**Reset:** Gewinn- und Verlustausgleich

**Risikoprämie:** Geld für Verkauf einer Option, mit dem Risiko, dass die Option bedient werden muss

**Rollen:** Ersetzen eines auslaufenden Futures durch einen Future mit längerer Laufzeit

**Sekundärmarkt:** eine Börse

**short:** auf fallende Kurse setzen

**Short Selling:** Leerverkauf. Verkauf eines Produkts, das man nicht hat, mit dem Ziel, es günstiger zurückzukaufen

**SRI:** Strategie, nachhaltig zu investieren

**Stockpicking:** Auswahl von Aktien, die sich potenziell besser als der Markt entwickeln

**Stückzinsen:** anteilige Zinsen, die ein Anleihenkäufer dem Verkäufer zahlen muss

**Sustainable (ausgesprochen: susteynebbel):** englisch für nachhaltig

**Swaps (ausgesprochen: Swohp):** Tausch von Performance eines Produkts durch zwei Partner

**Terminkurve:** Kursverlauf eines Futures zum Laufzeitende

**Timing:** Zeitpunkt des Kaufs oder Verkaufs

**Total Return:** Es wird versucht, den Ertrag aus mehreren Assetklassen zu generieren

**Total Return Index:** Index, bei dem die Erträge wieder angelegt werden

**Trading:** kurzfristiges Kaufen und Verkaufen

**UCITS (ausgesprochen: Juzits):** Publikumsfonds, mit bestimmten EU-Anlegerschutzregeln

**Value (ausgesprochen: Wälju):** Auswahl von Aktien, deren Kurs unter ihrem fairen Wert liegt

**Verwahrstelle:** die depotführende Bank für einen Fonds

**Wallet (ausgesprochen: Wollet):** digitale Geldbörse zum Speichern von Kryptowährungen

**Zerobond:** Anleihe ohne Zinsen, Gläubiger werden durch steigende Kurse entschädigt

**Zertifikat:** Inhaberschuldverschreibung, deren Auszahlungsbedingungen von bestimmten Marktereignissen abhängen

# *Quellenangaben*

Alle Kursdaten und Grafiken stammen von de.tradingview.com.

BMW-Beispielanleihe aus dem Anleihenkapitel: ISIN XS2280845145

Durchschnittlicher Nettoverdienst Deutschland 2024:
https://de.statista.com/

Es gibt keine Literaturquellen. Das vermittelte Wissen stammt aus der Ausbildung und Berufserfahrung der Autoren.

# *Haftungsausschluss*

Das Buch haben wir mit bestem Wissen und Gewissen geschrieben.

Eine Empfehlung zu konkret einer Investition haben wir bewusst nicht abgegeben, wir haben Ihnen jedoch gezeigt, wie eine Risikostreuung aussieht, und haben unsere Erfahrungen über nicht so gut laufende Finanzmarktprodukte der letzten Jahre wiedergegeben. Die Renditeerwartungen von Aktien beruhen auf langfristigen historischen Daten. Niemand weiß, ob in Zukunft dieselben Renditen, bessere oder schlechtere Ergebnisse erzielt werden.

Wir haben Begriffe aus diesem Buch, insbesondere die aus dem Glossar, mit eigenen Worten erklärt und nicht aus anderen Quellen abgeschrieben. Das birgt das Risiko, dass es wissenschaftlich nicht immer hundertprozentig korrekt sein kann, dafür ist es authentisch.

Wir haben uns auch mit Verweisen auf Webseiten zurückgehalten. Dort, wo sich welche finden, können wir für deren Inhalte keine Haftung übernehmen.

Für Investitionen, die Sie nach unserer Lektüre tätigen, können wir auch keine Haftung übernehmen. Wir hoffen, dass Sie keine bösen Überraschungen in der Finanzwelt erleben und dass Sie das Buch vielleicht vor dem einen oder anderen unangenehmen Stolperstein bewahren wird.